D0915837

Désert

Du même auteur:

Le contrat d'inversion (avec Claude Bertrand), Hurtubise, HMH, Montréal, 1977.

Le territoire imaginaire (avec Claude Bertrand), Hurtubise, HMH, Montréal, 1979.

L'Amérique du Nord et la culture, Hurtubise, HMH, Montréal, 1982.

Les pôles en fusion (avec Claude Bertrand), Hurtubise, HMH, Montréal, 1983.

L'ami-chien, Préambule, Montréal, 1986.

Michel Morin

Désert

Collection Le Sens

Le Préambule

Morin, Michel, 1949-
Désert
(Collection Le Sens)
ISBN 2-89133-089-9
1. Anthropologie philosophique. 2. Vie. 3. Mort. 4. Dieu. I. Titre.
II. Collection.
BD450.M67 1988   128   C88-096210-0

Distributeurs:

Québec: Messageries PROLOGUE,
                        2975, rue Sartelon
                        Ville Saint-Laurent, (Qc) H4R 1E6
                        Tél.: 332-5860

Belgique: Diffusion VANDER
                        Avenue des Volontaires, 321
                        B-1150 Bruxelles
                        Tél.: 762-9804

Suisse: TRANSAT
                        19, route des Jeunes
                        CH. 1227, Carrouge (Genève)
                        Tél.: 427740

© 1988. Éditions du Préambule Inc.,
169, rue Labonté, Longueuil (Québec), J4H 2P6
Tél.: (514) 651-3646

À l'obscur et en assurance.
Saint Jean de la Croix

(Car il aimait l'éclat du soleil, ne consentant à la nuit qu'à la toute dernière limite.)

(Aussi se levait-il tôt et se couchait-il tard.)

(Aussi ne rêvait-il pas — ou, si l'on veut, ne se rappelait-il jamais ses rêves.)

(Car il réussissait à échapper à la nuit par un sommeil si profond que rien n'en émergeait.)

(Il fuyait la nuit dans le sommeil.)

(De chaque nuit il émergeait comme si jamais le jour ne s'était interrompu — tant il aimait la lumière et l'éclat de la veille.)

(On avait dû lui apprendre à apprécier la nuit — et tout ce qui s'y passe, ou plutôt, ne s'y passe pas.)

(— La mort — le mourir — la reproduction — la sexualité)

(Car il aimait se faire croire qu'il n'était pas né — n'étant pas issu de la nuit — et qu'il ne mourrait pas — sauf peut-être, consentait-il à s'imaginer, si vieux qu'il ne souhaiterait plus autre chose.)

- I -

— D'où t'adresses-tu à moi ainsi?
— De nulle part. D'ici.
— Mais ici, n'est-ce pas ailleurs?
— Je crois que tu touches à l'essentiel.
— Ah! Vraiment?
— Qui sait?
— Et d'où viens-tu?
— Comment! Tu ne t'en souviens pas? Mais est-ce possible?
— Tu sais, je n'étais pas vraiment là.
— Mais où étais-tu?
— C'est lointain, tu sais, je ne me souviens pas.
— Maintenant, tiens-moi par la moi!
— La main? Tu dis, la main?
— Mais elle tremble!
— Elle? Mais qui, mais quoi? Cela?
— Cela, cela tremble.
— Je suis confus.
— Mais pourquoi?
— Je ne veux pas.
— Tu ne veux pas?
— Je ne veux pas.
— Mais quoi?
— Je ne veux pas. Cela.
— Mais qui es-tu?
— Je dors.
— De quel sommeil?
— Dehors, toujours, dehors. Ici.

*

Comment nous communiquons dans la mort. Comment nous sommes liés par la mort. En cela que notre lien est sans raison, ni projet, ni but, sans pour autant être dépourvu d'horizon ni d'au-delà. En cela aussi que nous ne nous possédons pas l'un l'autre, sans cependant nous sentir de quelque façon libres l'un par rapport à l'autre. Au contraire, nous avons le sentiment d'avoir renoncé à toute liberté, mais la formule n'est pas juste, car elle implique une volonté consciente qui nous a toujours fait défaut. Nous savons maintenant que nous ne pouvons plus nous évader. Nous sommes à jamais rivés l'un à l'autre, mais pourtant étrangement distancés par la lente intrusion du tiers qui, insidieusement, nous a gagnés au point de pénétrer chacun des deux, différemment, asymétriquement. Il nous a bien fallu apprendre que ce qui nous liait était ce qui nous dépossédait toujours plus.

*

Notre union doit-elle cesser du fait qu'elle n'est plus totale? Plus totale: mais l'a-t-elle jamais été?

*

Comme si, tout à coup, la peur que cette étrangeté ne soit pas vivable... Cette impossibilité désormais constatée de coïncider, toi et moi, comme avant, toi et moi, maintenant.

*

Consentement à nous laisser déposséder, à nous faire un nom dans l'anonymat, à désapprendre ce que nous croyions être.

*

On se dit qu'à toujours changer, à toujours recommencer, l'on en viendra à s'épuiser. Alors, on préfère arrêter de changer. Pourtant, l'on continue. Mais l'on continue en refusant d'admettre que l'on change. Comment ainsi ne s'épuiserait-on pas? Bien sûr, l'on s'épuise à lutter contre ce que l'on refuse d'admettre, et qui pourtant, toujours, poursuit son œuvre. Or, je ne sais pas ce qui œuvre en moi. Tantôt, je dis: c'est la vie. Tantôt, je pense: c'est la mort. Et je suis condamné à recommencer. Pourrai-je un jour enfin m'arrêter?

*

Il est vrai de dire que l'on est seul. Que l'on naît seul. Que l'on meurt seul. Mais, en même temps, chacun sait que cela n'est pas vrai. Car comment se concevoir seul si ce n'est toujours en se rapportant à quelqu'un, n'importe qui, quelqu'un qui passait là, par hasard (mais est-ce bien un hasard?), il y a toujours quelqu'un qui passe. Qui es-tu, toi qui passes, ombre insaisissable? Dont je ne puis me passer et dont je me sens coupé. Par rapport à qui je me sens seul, sans pourtant avoir jamais été lié.

*

Je ne puis plus me passer de l'un ni de l'autre. Pourtant, je ne désire plus ni l'un ni l'autre. Leurs existences me touchent, voilà tout.

*

Appel de l'un à l'autre. Non pas cri, appel au secours. Plutôt imploration sans phrase, ni vraiment muette, ni verbale.

*

La même peur. D'enseigner. D'écrire. De cette ouverture. De cette dépense qui ne rapporte rien. Ou si peu.

*

Pourquoi ai-je suivi cette tendance à disparaître, qui pourtant ne me mène vers aucun anéantissement? Pour réapparaître? Renaître de mes cendres? Plus j'y pense et que le temps s'écoule, moins j'y crois. Je ne réapparaîtrai ni ne renaîtrai. Mais j'enseigne. J'écris. Je vis. De quoi? Pourquoi? Je ne sais. De ceci. Ici. Pour lui. Pour eux.

*

11

Ne plus vouloir que la vie soit autre. Non pour m'y confiner. Mais, renonçant au but, renonçant à croire, comment ne pas sentir la vie se resserrer comme un étau? Comment ne pas sourdement se déprimer, se désespérer? Mais comment, à la fois, ne pas sentir que cela s'ouvre? Cela, justement, qui, en moi, ne vit que de l'autre, de ce qui est autre, qui tire au dehors: toi sans nom, et toi sans visage, cette corneille qui ce matin s'est fait entendre, le temps doux qui me pénètre, le sentier, l'eau du bain, tes yeux qui implorent.

*

L'intime est toujours ce qui se cache et que l'on cache. Mais que cache-t-on? Rien, sans doute. Aucun secret. Aucun trésor. Aucun inconscient. Rien. Cela, rien que cela, ce petit chien blanc en peluche, ce crayon avec lequel j'écris, une absence, un silence, un doute quant à la santé de telle partie de son corps.

*

Et quoi encore? Comment le dire? Car les mots le trahissent, et, le trahissant, tendent à l'annuler. Comment signaler la présence de ce qui, signalé, s'absente?

*

Cette ignorance de ce qui, au fond de moi-même, me fait penser n'est-elle pas entretenue par la loi qui s'est imposée à la faveur de l'interdit jeté sur le savoir profond qui me fait vivre mais qu'en même temps il me faut oublier pour vivre?

*

Je doute de moi-même. Je ne sais plus qui je suis. Qu'est-ce donc qui me fait vivre? Non plus certes cette assurance de poursuivre un but, quel qu'il soit. L'effort de persévérer dans l'existence? Mais je ne suis porté à vraiment persévérer que lorsque je m'oublie, lorsque donc je ne cherche plus du tout à persévérer. Lorsque je me laisse tirer, emporter hors de moi par ce qui, de ma parole, s'échappe et que je ne puis arriver à ressaisir. Par ce qui, de l'intérieur de ce corps, s'échappe, s'abandonne, se laisse emporter. Qu'est-ce qui me fait vivre? Cette marche, livré aux éléments, ce repas, où, mangeant, je deviens un peu ton corps, cette aurore qui m'émerveille, cette douleur d'être séparé de toi qui me rend plus proche. Ce doute aussi sur moi-même, mes possibilités, mon but, ma raison d'être. Ces questions sans réponse.

*

Une question. Puis une autre question. Quelque chose cède, ne sait plus se retenir, s'écoule.

*

Seul, sans réserve. Nous sommes désaccordés. Mais qu'est-ce qui nous unit? Pourquoi suis-je sensible à ta solitude? Pourquoi est-ce toi qui me fais le plus ressentir ma solitude et me la rends insupportable?

«Cela tient à des correspondances difficiles à définir» (Georges Bataille, *L'Érotisme*).

Des correspondances?

«...ce qui joue est souvent un aspect insaisissable» (Bataille, *L'Érotisme*).

*

Quant au rapprochement des corps, tout au plus des effleurements.

*

«Des correspondances difficiles à définir»: mais qu'est-ce qui correspond? Qu'y a-t-il de vrai dans les images? Si je dis: l'enfant merveilleux, en moi, s'éveille à ton contact: je me retrouve souverain, rayonnant, comme à l'origine. Cela est vrai et m'attire certes. Mais, en même temps, de cette image, je

13

m'éloigne plus que jamais. Et si même, à ton contact, elle revit avec plus de vivacité encore, n'est-ce pas que je m'en suis éloigné encore plus? Peut-être maintenant vois-je plus clairement l'image devant moi. Certes, la reconnaissance joue toujours, mais avec une acuité un peu plus déchirante. L'accord est plus profond et plus discordant. À cette image d'enfant triomphant, je croyais autrefois, comme... à la réalité. Je voulais réellement triompher. Aujourd'hui, je n'y crois certes pas moins, mais comme à une image, dont je sais qu'à la fois elle me fascine et m'échappe. Je ne suis plus un enfant, certes, non. Mais suis-je vraiment un adulte? Trop près de cette image d'enfance pour être adulte, et trop loin aussi maintenant pour me croire encore enfant.

J'y crois donc, à cette image. Comment n'y croirais-je pas? Cesser d'y croire, c'est accepter l'érosion du temps comme normale, sans résister. Mais y croire, c'est faire face à cette érosion en la refusant tout en sachant qu'on s'y trouve livré sans retour. Si l'image se trouve interdite à la conscience (et plongée dans ce que, dès lors, on appellera l'inconscient), n'est-ce pas à la fois en raison de son éblouissement qui donne le goût de s'y jeter pour s'y fondre et de cet écart infranchissable dû à l'érosion du temps qu'elle rend saisissable?

Ce qui ne se dit pas.

*

«Le secret auquel il est fait allusion, c'est qu'il n'y en a pas, sauf pour ceux qui se refusent à l'aveu» (Maurice Blanchot, *L'écriture du désastre*).

*

— Non, je ne m'y attendais pas.
— Vraiment?
— Mais avais-tu donc tout oublié?
— Oublié quoi?
— Quelle question! Mais à quoi penses-tu donc?
— J'attends.
— Mais quoi?
— J'attends. J'attends sans espoir. Je n'attends aucun avenir. Je n'attends rien.

*

«... l'avenir étant la relation avec ce qui, dans ce qui arrive, n'arrive pas et donc ne se présente, ne se re-présente pas» (Maurice Blanchot, *L'écriture...*).

*

Vivre d'une vaine ardeur.

*

À quoi croit-il? Mais on dirait vraiment qu'il y croit!

*

L'intime serait-il donc, par excellence, le non-personnel? Soit le moins identifiable, le moins mémorable. À quoi on accède en s'oubliant, soi et tout ce qui nous entoure. Les regards qui nous encerclent. Ceux des autres qui ne sont pas vraiment autres, car ils se mirent en eux-mêmes et ne cherchent en moi que leur propre mirage. Mes voisins. Mes prochains. Mes juges. Or, le juge éternel est irreprésentable. Au-delà. Inaccessible. Il est sans mesure. Et m'appelle.

*

Parler d'inspiration comme de ce souffle qui emporte n'est encore qu'une représentation du moi. Le souffle n'est pas si puissant en réalité. Et il emporte bien peu. Et la passion? C'est le souffle coupé.

*

Ce qui nous lie: je ne sais pas. Peut-être l'impossibilité d'être indifférent à l'existence de l'autre. La douleur que me fait éprouver de le savoir seul.

*

Ce qui ne se dit pas, n'est-ce pas aussi ce qui ne se voit pas, ce à quoi je reste aveugle? Ce que j'oublie. Car ce qui importe, n'est-ce pas ce par quoi je suis tenu et que j'ignore? Dès lors même que je pense à toi, je substitue l'image de toi dans laquelle je me retrouve à la douleur anonyme qui m'a soudain déchiré.

*

Je ne t'oublie plus. Tu me tiens. Je n'y peux rien.

*

Je continue, mais je continue pour rien. Il n'est plus de but qui tienne. Je les ai tous poursuivis, et, dirait-on, brûlés tour à tour. Mais je continue, et me sens plus que jamais

16

incapable de faire autrement. Me dépenser. M'épuiser. Pourquoi? Par incapacité de faire autrement. Pour rien, en ce sens.

*

Savoir que l'on est pris et ne plus chercher à se déprendre. Se vouer plutôt plus que jamais à ce qui prend ainsi. Pour rien. Parce que cela n'a aucun sens de vivre autrement.

*

Vivre en s'économisant, supposément pour durer plus longtemps. Mais durer pourquoi? Cependant, y a-t-il quelque bonheur à perdre, surtout à perdre sans retour? Bonheur? Peut-être le bonheur de l'oubli de soi. Mais quel est le sens d'être voué à l'autre? Quelle est la nature et la signification de cet appel?

*

Interdit. Non tellement ce que l'on peut se représenter comme défendu par une autorité ou une quelconque instance. Ce qui se trouve de la sorte interdit ne l'est que pour les voyeurs qui rêvent en retour de s'exhiber. Cela relève du domaine du spectacle, de ce qui, manifestement, s'offre à la vue. Le respect et la transgression des lois officiellement édictées font également partie du spectacle social, de la société comme spectacle. D'où, aujourd'hui en particulier, toutes les nouvelles zones libérées dont les sociétés modernes aiment s'enorgueillir. Mais qui ne sont jamais que des zones. Sous surveillance.

*

Les véritables transgressions ne s'offrent pas ainsi à la vue. Elles n'alimentent en rien le spectacle ni le discours social. Au contraire, elles les minent, y faisant passer une sourde inquiétude. Car elles entament la positivité et la certitude de la loi officielle. Non qu'elles soient «hors-la-loi» ou qu'elles rejettent toute loi, bien au contraire, elles font retentir en silence l'appel d'une autre loi, qui ne s'énonce ni ne se transmet mais peut

17

s'entendre. Transgressions dérisoires, dira-t-on, parce que souvent elles s'achèvent en silence et s'expriment en échecs. Mais cela n'est vrai qu'au regard de cette loi de surface, offerte en vitrine, qui se représente elle-même comme achevée, réussie, ouvrant la voie au progrès, au succès. Au regard de cette loi, seuls les affrontements, les délits, les manquements les plus évidents prennent de l'importance: meurtres, viols, guerres sont toujours, au bout du compte, justifiés, et leurs auteurs, aussitôt absous que condamnés par la pleine visibilité dont ils jouissent. Mais les petites transgressions se laissent deviner à une traînée de vide qu'elles laissent sur leur passage, une impression d'étrangeté difficile à identifier, avec, pour conséquence, une sorte d'isolement invisible de leurs auteurs, tenus à distance sans raison apparente ou tout simplement ignorés. En apparence, rien ne les distingue de tous les autres, mais c'est justement, dirait-on, cet anonymat qu'on leur reproche. On les préférerait plus bruyants. On aimerait pouvoir mettre un nom sur leurs amours ou leurs écrits. Si seulement ils se révoltaient, on saurait à quelle enseigne les loger. Mais ils ne disent mot. On les sent ailleurs, on est aisément porté à penser qu'ils se croient supérieurs. On les soupçonne d'être méprisants. Seulement parce qu'on les sent différents et qu'on n'arrive pas à savoir à quoi tient précisément cette différence. Mais cette différence, justement, se cherche et œuvre à se faire: comment pourrait-on lui assigner un nom?

*

Une véritable transgression n'est pas une évasion, au sens d'un acte public consistant à sauter par-dessus sa vie, à changer de vie, comme on aime dire. Au contraire, c'est une manière de s'enfoncer plus que jamais dans sa vie, en faisant sauter cela même qui, généralement, nous en tient à l'extérieur. Non pas une échappée au-delà. Mais plutôt une timide ouverture en deçà. Une barrière levée à l'intérieur du labyrinthe où je m'enfonce toujours plus.

*

L'interdit, en son sens réel, ne serait-il pas l'expression, plus encore, l'énonciation toujours tacite de la nécessité, seule vraie Loi, et la transgression, ce qui, par-delà les voiles et images du moi, me rapproche toujours plus de cette nécessité? En ce sens, la transgression n'avoue aucune vérité refoulée par la loi, mais au contraire elle est l'aveu même de la Loi autrement dissimulée.

*

La Loi en ce sens: énonciation de ce qui ne se dit pas, qui s'approche dans la faillite du dire.

*

Les transgressions spectaculaires, en réalité, en même temps qu'elles réaffirment la loi sociale, celle du visible et du représentable, servent à occulter les transgressions invisibles, seules réelles, en détournant jusqu'au soupçon qu'on pourrait entretenir au fond de soi sur leur possibilité. On ne voit que l'opposition à la loi, qui, à la fois, fait frétiller et frémir. On ne soupçonne pas l'appel de la Loi, son énonciation que toute véritable transgression révèle.

*

Ce que le moi se croit interdit est toujours ce qui, au fond, lui fait plaisir, plaisir dont il cherche l'accroissement par une vague sensation de frayeur. Telle est la caricature visible du rapport interdit/transgression. Si l'interdit a trait à la mort, loin d'avoir pour effet de reconduire le moi à son plaisir, il met celui-ci face à sa propre faillite et l'ouvre au tout autre, tout en lui en réservant l'accès. Ce qui ne se dit pas ne saurait s'énoncer une fois pour toutes et se tenir visible aux yeux de tous. Mais ne s'énonce qu'en retrait de toute parole et de tout silence à qui ose s'oublier au point de se laisser entraîner de plus en plus du côté de ce qui, dans sa vie, est le plus absolument irréductible, inévitable, incontournable, nécessaire. À qui donc sait se détourner du mirage de la loi qui s'énonce et de la transgression qui s'affiche. Mais pourquoi ce spectacle qui mime en le redoublant ce qui est à l'œuvre de l'autre côté? Pour en étouffer jusqu'au soupçon, et d'abord le soupçon de la mort, qui, dès lors, ne se résout plus qu'en images spectaculaires, offertes à la consommation comme toute autre, mais, en réalité, plus que toute autre, comme si l'insistance à représenter ce qui ne se représente pas trahissait l'effort ardu qu'implique l'œuvre d'occultation.

*

On reconnaît un «Fais ceci» à un «Je ne pouvais pas faire autrement» ou encore à un «C'est donc bien ce que je devais faire».

*

Moins nous sommes capables, dans notre existence particulière et limitée, de faire sauter telle barrière, souvent invisible et insoupçonnée de nous-mêmes mais révélée au moment où enfin elle cède, plus nous aimons nous représenter des situations où des personnages auxquels nous nous identifions et dans lesquels nous nous plaisons à nous reconnaître, font sauter, le plus souvent spectaculairement, des barrières qui nous paraissaient infranchissables.

Ainsi, nous pouvons aisément croire que toutes les barrières peuvent céder, étant donné certaines circonstances que, malheureusement, nous ne retrouvons pas dans notre vie. C'est alors que nous prenons prétexte de l'absence de ces circonstances pour laisser notre vie intacte et ne rien ouvrir, ne rien abandonner, ne rien laisser céder là même où, pourtant, cela serait possible: tout près de soi, dans cette vie.

Nous préférons regarder au-delà, du côté de ce que nous nous représentons comme impossible, de manière à ne pas affronter cet impossible qui est en nous, mais qui ne se voit pas, et qui, comme le destin, auquel il se confond, ne peut être affronté que les yeux fermés.

Il faut toujours faire la distinction entre la nature dont nous faisons l'expérience et qui nous échappe, et celle que nous nous représentons, à laquelle nous souhaiterions «faire retour».

*

La nature est par excellence ce qui nous échappe, ce par quoi nous échappons à nous-mêmes. À la fois ce qui nous aspire, nous dissout, et nous pousse, nous jette en avant. À l'inverse, celle que nous nous représentons est toujours pleine, ininterrompue, fixe. Nous y aspirons toujours d'autant plus que nous sommes incapables de faire face à l'autre. Mais «faire face» est une expression qui ne convient pas, puisqu'il s'agit d'un abandon et du consentement à cet abandon. En acceptant que l'on n'y puisse rien.

Mais s'abandonner ne va jamais sans résistance. Ce qui aspire dissout. Or, ce qui aspire est plus irrésistible encore que ce qui pousse. Ce qui pousse n'est que le rejaillissement de ce qu'il faut bien appeler la vie, au bout de l'expérience de ce qui se dissout. D'abord aspiré, tiré, ce n'est qu'ensuite que je suis porté en avant, au-delà, et que, du sein de ce mouvement, le moi, revivifié, se mire en d'innombrables images. Face à ce qui dissout, inévitablement, chacun se retient. Cette retenue est frayeur, plus encore, stupeur. Effroi. Interdiction.

*

Parfois, je me perds dans ce qui m'attire. Je ne parle pas de la fascination de l'image. Mais de ce qui me fait passer dans l'autre, par-delà l'image. Il ne s'agit pas d'une identification à ce que l'autre pourrait me représenter d'une vie que j'aimerais vivre au lieu de la mienne, mais de ce mouvement irrésistible qui me fait, l'espace d'un instant, vivre de la vie de l'autre, au point qu'il me devienne difficile de rentrer dans la mienne.

*

Comment expliquer la douleur que j'éprouve d'être séparé de ce qu'il fait?

*

Plus attentif à ce qui se joue, qui est en jeu, qu'à ce qui se représente. Succès? Échec? Quelle importance?

*

La performance est inégale. Mais tout est en jeu. L'existence est en jeu. Que demander de plus? D'autre?

*

Les autres te voient. Et te reconnaissent. Ou ne te reconnaissent pas. Ce que je vois en toi, nul ne le reconnaît.

*

Tu me dis: «J'apprécie ce que tu me dis. Mais pourquoi es-tu le seul à me le dire?» Pour la même raison qu'aux yeux de tous les autres qui te connaissent je suis invisible.

*

Invisible, mais là, qui te tire.

*

— Ailleurs, ailleurs.
— Mais il n'y a pas d'ailleurs.
— Il n'y a pas d'ailleurs? Vraiment?

*

22

Je ne suis plus là, avec toi. Je me suis éloigné. Alors, les autres peuvent maintenant venir, se rapprocher de toi.

*

Le vide. La violence est d'abord une absence. Une soustraction. Ou une aspiration.

*

Le ciel est couvert. Comment peut-on encore regarder au-delà?

*

Ce qui ne se dit pas est toujours ce qui n'arrive pas à se constituer en objet ou encore cette expérience de la dissolution des objets constitués.

*

Ce qui advient dans la passion, c'est la dissolution de l'objet, et d'abord, de l'objet aimé.

Mais, pour qu'il puisse être dissous, encore faut-il qu'il ait été constitué. Car, justement, *nul objet n'est donné*.

*

Aussi le réel, constitué de la trame des objets, du réseau de relations tissé entre les objets, n'est-il jamais donné.

*

Donné veut dire «déjà là», déjà constitué, formé.

Pour l'homme, originellement, rien n'est déjà là, et certes pas la nature.

*

Pour que l'objet se dessine, se détache, se dégage, il ne suffit pas qu'il ait été vu, comme s'il était déjà là, attendant d'être pris en considération, il faut qu'il se soit de lui-même imposé, incontournablement, au sortir de la nuit, de la confusion, de la grisaille.

*

Il ne se sera imposé qu'à partir de l'expérience de la perte de tout objet, ou, peut-être plus encore de celle du vide dont il aura émergé, comme une épave en plein océan à laquelle on se raccroche pour ne pas sombrer.

*

En réalité, la nature qu'on se représente est toujours une nature humaine, puisque l'expérience de la nature est celle de ce qui échappe, ne se saisit pas, ne se représente pas. La nature que l'homme se représente est toujours à l'image d'*un ordre* qu'il situe dans le passé et auquel il rêverait de revenir, pour échapper à l'expérience incessante qu'il fait du désordre, c'est-à-dire justement de la nature.

*

Mais cet ordre, comme le souligne Maurice Blanchot, n'est que la représentation d'une organisation strictement hiérarchique et despotique qui le protégerait à priori de toute l'incertitude de l'existence.

En réalité, «retour à la nature» veut dire tout l'opposé de ce qu'il prétend dire. D'abord, la «nature» est ce à quoi, par définition, l'on ne peut faire retour, parce qu'elle est toujours en nous et que nous ne lui avons jamais échappé. Ensuite, contradictoirement, elle est ce dont, en tant qu'humains, nous sommes depuis toujours déjà coupés, puisqu'il n'est pas d'existence humaine sans rapport à l'objet et au réel, c'est-à-dire à la raison.

*

La conscience est impensable sans, à la fois, l'expérience du vide (de ce qui échappe) et celle de l'objet, qui permet d'être sauvé du vide.

*

La conscience: ce qui, en tant que tel, n'est réductible à aucune loi, mais dont, au contraire, toute loi procède.

*

On agit, on fait, on fabrique toujours faute de pouvoir faire autrement, non dans le sens de la passion, abandon à ce qui est plus fort que soi et n'a pas de nom, mais dans le sens inverse: nécessité d'une prise, d'un accrochage, d'un point de repère, d'un geste, d'une idée.

*

En ce sens, l'acte sauve. Et la passion nous perd. Mais il n'y a de salut que pour qui a consenti à se perdre.

*

Le désœuvrement dissout et, finalement, détruit, mais il n'est pas d'œuvre qui n'en soit issue. Cependant, l'œuvre brille et miroite d'un tel éclat qu'elle nous en éblouit. Dès lors, l'on ne voit plus qu'elle.

*

Toute idée de «retour à la nature» implique toujours l'idée d'un «retour» à un état dépourvu d'interdits: pleine reconnaissance des hommes les uns par les autres, des hommes dans la nature. Transparence. Or, la transparence, dans sa réalité, n'a rien à voir avec la visibilité: si elle s'atteint, c'est dans l'expérience de l'invisible, qui est celle de la dissolution. Or, la représentation d'un état dépourvu d'interdits implique la négation de la réalité et de la singularité de la conscience, en tant qu'elle est cette expérience d'une relation à l'objet issue d'un saisissement, d'un état de stupéfaction, donc d'interdiction, face à l'expérience du vide.

Action. Affirmation. Par les mots, tout se trouve exagéré. Et donc faussé, en même temps que révélé.

*

Comment se défaire du projet d'en finir avec le vide, et avec le désir? Et de se dire: voilà, j'y suis. Enfin parvenu.

*

Agir. La pointe la plus extrême de la passivité. Le geste fou qu'on ne peut plus empêcher.

*

L'insatisfaction du positif. L'ennui du positif.

*

Action. Dégagement. Mais alors, agir? N'est-ce pas aimer? Et pourtant, non. Car il y a le geste. Oui, mais il y a le geste dans l'amour aussi. Mais n'est-il pas immédiatement effacé?

*

Il y a l'inscription, dit-on. En tout travail. Mais quelle est sa réalité? Et quelle certitude a-t-on de marquer si nul cri ne s'échappe?

*

Je souffre de ta méprise. Et peut-être de la mienne. Tu croyais que je cherchais à te prendre. Et sans doute cherchais-je une prise. Mais prendre pourquoi? Pour garder? Ou simplement pour s'accrocher? Prendre appui. Mais rien n'est vraiment résolu par la prise. Méprise.

*

Ce qui laisse insatisfait est bien plutôt ce qu'on considère comme fini. Voilà, c'est fini! Et alors? Quelle blague! Niaiserie du fini. Naïveté de la prise. Méprise, encore.

*

Dire: «Ça y est. Voici, j'ai fini.» Et y croire. Méprise. Rien n'est fini. Les étapes elles-mêmes n'en sont pas. Et pourtant... Pourtant, c'est différent. Eh! oui, c'est différent. Quelle blague! Y croire. Et s'arrêter là. Quelle blague!

*

Tel dira: «Ne contredit-il pas ce qu'il écrivit?» Tel répondra: «Il n'écrit que pour se contredire.» Ou encore: «Ce n'est pas vraiment qu'il se contredise. Il sape peu à peu la certitude ou l'apparence de certitude de ce qu'il inscrivit. Il défait la réalité de son inscription. Tel le sable. Tel le vent (qu'il entend d'ailleurs). Telle la mer (en rêve). Il entame sa propre naïveté. Désabusement? Non, il ne croit pas. Car la naïveté revient toujours. Mais justement, elle revient, à condition de ne pas croire en elle-même et en ses signes.»

*

Sa réalité trop présente oblige d'y croire. Telle est la difficulté.

*

Ce lieu. Neutre. Ne fait pas image. On peut s'y oublier. Et il y a le bois. Partout. Les arbres. L'extérieur pénètre.

*

— Il y eut un temps où vous parliez plus.

27

— Ah! oui, ce temps! Je crois que c'est parce que je n'écrivais pas encore.

— Mais vous publiiez!

— Oui, je publiais, mais je n'écrivais pas. Mon nom, voyez-vous.

*

Je te dis: «Tu me fais douter de moi-même.» Et encore: «Je ne sais plus ce que j'aime, ce que je veux, où je m'en vais.» Ton action est celle du neutre. Elle ne se voit pas, de même que tu n'es pas visible.

*

«J'ai à faire.» «Je suis occupé.» «Attends que j'aie fini.»

*

On me met un objet sous les yeux, et je dis: «Oui, c'est ça, c'est ça.» Et j'y crois.

«Même pas un vrai chien!» (Hamm in S. Beckett, *Fin de partie*).

*

Le jeu. Être en jeu, se mettre en jeu. Il y a du jeu.

*

«La fin est dans le commencement et cependant on continue» (Hamm in S. Beckett, *Fin de partie*).

*

La précipitation. La crainte de ne pas y arriver. De ne pas le saisir, le tenir. En rendre compte. En finir.

*

Trop de mots. Trop de choses. Le désert, enfin!

*

Le raidissement. Le durcissement. La crainte, encore. Pourtant, le vide!

*

Dépression. Pourquoi? Explosion. Pourquoi? En réalité, tout est plus simple, plus petit, moins extrême.

*

Le réflexe de l'extrême. Amplification. Aveuglement du visible. Visibilité de l'extrême. De là, son privilège.

*

«Ce qu'il y a de beau en l'homme.» «Ce qu'il y a de grand en l'homme.» Le pathétique. Exploitation indue de la souffrance. Encore ici, privilège du visible.

*

Fin de partie: Hamm aveugle. D'où sa lucidité.

*

Pourquoi toujours rêver du toucher? Être touché. La crainte de n'être pas un corps.

*

Peur de m'échapper. De n'être pas tenu, retenu. De n'être objet pour personne. De ne pas exister, donc.

*

Tous mes gestes, tous mes mots, pourquoi? Toucher. Pour être touché. Certitude de n'être jamais touché, si je ne touche pas.

*

Précipitation vers le mot. Mais, de plus en plus, hésitation, retenue, réticence face au mot. Je n'attends pas d'autres mots, mais le vide d'où peut naître le geste.

*

Le désert. Fin du monde des mots. Ces cadavres.

*

Amplification de la fonction représentative qui fausse les justes proportions. Qui déforme. Euphorie. Exaltation. Emphase.

*

Pathos. Pathétique. Exaltation, enthousiasme, emphase relativement à la souffrance. Beauté de soi-même souffrant. Trahison de la souffrance, toujours muette, et qui cherche ses mots.

*

«Tiens! Ni loin ni mort?» (Hamm in S. Beckett, *Fin de partie*).
L'autre. Trop loin. Ou déjà mort.

*

Inhumer les mots, comme on inhumait les morts. Pour se protéger de leur décomposition. Éviter la contagion. Car les mots se décomposent. Mais plus personne ne le sait. Autrefois, l'on reconnaissait la mort. À la pourriture. Aujourd'hui, il n'y a plus de pourriture visible: comment la reconnaîtrait-on?

*

La pourriture a gagné les mots. Telle est la vraie peste. Qui le sait? On définit, on explique. Ennui du positif. Banalité du positif. Il n'y a plus de vide, plus de véritable ennui. L'ennui se nomme aujourd'hui: la vie. Voilà, c'est ça la vie! Et le désert?

*

Faire le désert en soi. Très vite, il sera peuplé de cadavres, pourrissant au soleil. Alors, les inhumer. Lentement, un à un. Car la mort est intérieure. Ses traces trop visibles empêchent de la vivre et de vivre avec elle.

*

Trop de présence, pour tout dire. Trop de croyance au présent. Trop d'héritage aussi. Trop de foi en l'avenir comme au pur possible indéterminé. Trop d'espoir aveugle.

*

Les plus petites variations. Plutôt que les extrêmes. La dialectique miniaturisée. Ce qui requiert une attention. Non pas à l'objet, mais plutôt à se détourner de l'objet. Sans cesse. Pour ne pas être ébloui et, ainsi, aveuglé.

*

31

Penser sans mots. Penser: activité non-verbale. Inscription? Jusqu'à quel point? Qu'est-ce qui reste, finalement?

*

Pourquoi, à tout prix, vouloir laisser des traces? La vertu de la trace n'est-elle pas de souligner l'absence, l'oubli, le vide, plutôt que de les conjurer? Ou de les souligner en tentant de les conjurer?

Impossibilité cependant de ne pas tenter de les conjurer. Alors, le tenter sans trop y croire?

*

Aussi, savoir que ces mots ne sont pas mes mots. Que ce qui cherche à s'inscrire n'est qu'une image de moi que les mots eux-mêmes ont déjà entamée.

Mes mots. Ce que j'ai à dire. Mais qu'ai-je à dire sinon la nécessité que j'éprouve de dire, de m'accrocher aux mots, aux images, aux sons, de me voir et de m'entendre à travers eux? Sublime résonance du moi.

Désertification et prolifération. Désert et forêt vierge. Pétrification et végétalisation. La nature. «La nature, docteur, la nature» (*Woyzzeck*).

*

Invisibilité de la nature. À perte de vue: le désert. Inextricable, confuse: la forêt vierge. Impossibilité de la nature: comment la transformerait-on?

*

La nature réduite à l'objet: c'est l'objet que l'on transforme. L'objet semblable à lui-même, identique. La nature se différenciant sans cesse. Ramener le différent à l'identique: travailler.

*

Travailler, est-ce transformer la nature? Ce serait plutôt la repousser, la réduire. La réduire au point de l'oublier. Ou de faire comme si on l'oubliait.

*

Constituer un monde d'objets qui se superpose à la nature. Est-ce là transformer la nature? N'est-ce pas plutôt la recouvrir, l'occulter?

*

La nature que l'on prétend protéger n'a plus rien de naturel: c'est la nature humaine. Le décor «naturel» que l'homme a reconstitué, par delà l'occultation de la nature.

*

Croire aux mots comme à la substance de sa chair. Mais c'est désespérer de son corps!

*

Le geste. Le cri. L'articulation des sons. Les mots, enfin.

*

Mais, entre les mots, le vide. Entre les mots, mais aussi à l'intérieur des mots. Décomposition des syllabes. Déconnection des syllabes. De l'intérieur du mot, échappée sur le vide. La trappe s'ouvre qui ne donne sur aucun fond. Pensée.

«La loi dit: «malgré toi», tutoiement qui n'indique personne. La grâce dit: «sans toi, sans que tu y sois pour rien et comme en ton absence» (M. Blanchot, *Le pas au-delà*).

*

Approche de l'Un. Qui s'impose à travers la conscience de l'inévitable. Or, seule la mort est inévitable. L'Un, à la fois, exprime ce qui laisse interdit devant la mort, et l'inévitable comme seule loi de ce qui est.

*

Le geste d'abord hésitant, tâtonnant. Se cherche. S'essaie. Se répète. Début du style. De la forme. Écriture dans l'espace. Ce qui revient se répète: un mouvement finit par imprimer, tracer. Non quelque chose, mais l'impossibilité de faire autrement.

*

Rien d'autre ne se marque, ne s'inscrit que l'impossibilité de faire autrement. La loi. En deçà, la défaite, la décomposition. En même temps, l'impossibilité d'y sombrer. Mais pourquoi? Réflexe? «Mais c'est plus fort que moi.» Quoi? Pourquoi la mort en vient-elle à s'apparaître comme loi?

*

34

«Il croyait alors agir parce que ce qu'il faisait était plus remarqué. Aussi attendait-il toujours qu'on lui en parle, qu'on le lui souligne. Sans doute croyait-il encore possible de laisser des traces de sa présence, se voyait-il survivant dans la mémoire des autres. Mais, entre-temps, du creux de cette attente au fond toujours vaine, il languissait et s'ennuyait. Laissait-il seulement des traces? Et qu'ont à voir avec la mémoire ces traces supposées?»

*

«C'est qu'il n'attendait pas d'être parvenu à la limite pour inscrire. Par incapacité, alors, de faire autrement. Lutter contre la mort? Non, plutôt apprendre à mourir, en s'oubliant dans ce qui s'inscrit. Peut-être croyait-il dépasser la mort par l'écriture: c'est qu'il *se* voyait dans les signes qu'il inscrivait. Mais, alors, il n'inventait pas les signes, il ne signifiait donc pas. En voulant signifier sa présence, il ne signifiait rien, pas même son absence. Peut-être voulait-il devenir un «grand nom».»

*

Bien sûr, les gestes, les signes, les mots conjurent ce qui se décompose. Comment le sujet ne s'y reconnaîtrait-il pas? C'est «moi», se dit-il, et, ce disant, devenant autre. Mais, en même temps, se donnant consistance et réalité par son inscription même. Dès qu'il inscrit, il n'est déjà plus lui. Avant d'inscrire, comment seulement se serait-il vu, imaginé comme «moi»? Ainsi prend-il «conscience» de lui comme «moi» alors même qu'il n'est plus ce qu'il croit être, et sans même que ce qu'il croit être ait jamais été, ne serait-ce qu'un seul moment auparavant.

*

«Illusion», pourrait-on dire. Mais ce serait encore trop facile. À travers le sentiment de présence, la conscience de soi révélée dans le mouvement d'inscription, de marquage, s'affirme et s'impose non pas le moi, mais sous le nom de «moi», la certitude d'échapper à la décomposition en se pliant à l'incontournable, ce qui intime de ne pas céder, de ne pas tout laisser aller.

*

Moi: non pas signe de présence, mais trace de loi, de la Loi.

*

D'où l'inflexibilité du mouvement, le caractère intangible du style, la «compulsion» de répétition.

*

Qu'il y a dans cet être dit «humain» (ce pourquoi d'ailleurs il est dit «humain»), la possibilité de la reconnaissance de l'inévitable. En d'autres termes, la conscience de la mort. Et le sens de la Loi qui ne s'en dissocie pas. La dureté, la rigidité de ce qui s'impose ainsi. L'os. Les os, auxquels l'inhumation devait permettre de se dégager de la chair en décomposition. L'os. La pierre. L'outil. Le trait. La marque. Et bientôt, les couleurs. Mais alors, l'on s'approche du délire. Et peut-être en même temps du désir.

*

«Porteur de parole, porteur de nom, tel il se retrouvait, réduit, diminué, sous les apparences pourtant de sa valorisation, lorsque tu lui retirais la multiplicité des sensations de ton corps, la possibilité de te toucher pour que tu puisses en retour le toucher. Aussi, dès lors, se trouvait-il condamné à ne plus que rêver de toi.»

*

Ainsi réduit à l'Un, tel s'épuise à proclamer la Loi, désormais vide, et à rêver de l'improblable alliance. Quand donc retrouverai-je mon peuple?

*

Le nom que tu me donnes est la négation de ma nature réelle. Tu me nommes et m'appelles: me faut-il donc répondre? M'interpelles-tu pour que je me rende à toi, en me soumettant au nom que tu me donnes? Pourtant, pourtant, paraît plutôt ce sourire qui décompose et défait la rigidité de ton appel. Appelle toujours, je n'entends plus. Je suis tout à toi. Mais cela n'est rien.

*

Comment éviter de ne voir que moi, de ne penser qu'à moi et au sens que je chercherais à transmettre, lorsque j'inscris quelques signes?

*

À travers moi, le sens qui s'adresse aux autres. Comme si jamais la marque ne suffisait, qu'il me fallait la traverser, pressé de parvenir au sens, pourtant déjà connu, et de m'assurer que l'on se souvienne bien que cette marque est de moi.

*

Ingratitude de la trace orpheline: pourquoi donc ne se retourne-t-elle pas vers moi pour me saluer et me rendre grâces? N'en suis-je donc pas l'auteur? Et pourtant, l'inscrivant, c'est en moi qu'elle pénétra, différent dès lors, certes, parce que touché. Mais encore impatient de revenir à moi, pourtant le trop connu. Mais je ne m'en lasse donc pas? Cependant, je me languis de ton toucher. Étrange! Écrivant, je supplée à ce toucher. Ces signes me pénètrent, malgré leur irréalité. Mais l'effet est-il plus ou moins durable, et la marque plus ou moins profonde?

*

Inscription de la marque. Et reconnaissance de soi. Voici la preuve que je suis. La preuve, c'est-à-dire la marque. La marque reste, le moi se dissipe. Pourtant, je n'ai souvenir que de moi. Mais la marque reste-t-elle vraiment? N'est-elle pas aussi destinée à l'oubli?

Impersonnalité du style.

*

Le style, répétition méthodique, mi-consciente, mi-inconsciente, du tracé qui conduit à la marque. La manière de s'y prendre, dira-t-on, qui est une certaine manière de se laisser prendre, lentement emporté et fasciné par ce qui, comme malgré soi, se trace.

*

Mais aussi, compte tenu de l'hésitation du tracé. D'où la légère différence, presque imperceptible, de cette marque par rapport à toute autre. Imperceptible à qui ne sait que la regarder. Perceptible à qui peut la sentir s'imprimer en lui.

*

De ces différences qui, subtilement, reviennent, se dégage la marque qui les rassemblerait dans l'unité. Cependant, la différence s'évanouit dans la marque, qui, pourtant, n'est rien sans elle. Différence elle-même, déjà marquée. Mais où ça commence?

*

Le retour. La roue. La machine. La marque qui se répète toujours de la même manière. La méthode pétrifiée dans le mécanisme. Une loi très ancienne dont le libellé est depuis longtemps oublié, mais qui s'applique. Toujours, et, dirait-on, pour toujours.

*

De nouvelles lois s'essaient, s'inventent dont nul ne soupçonne qu'il puisse bien s'agir de lois. Leur libellé, aussi, fait défaut, mais parce qu'il n'a pas encore été formulé. Car comment nommer ce qui me guide, qui encore s'essaie et se cherche? Comment l'énoncer autrement que de manière approximative?

— Mais je n'ai pas trouvé, comprenez-vous?

— Comment, pas trouvé? À votre âge? Est-ce possible?

— Ma certitude est telle, voyez-vous, qu'elle se trahirait et s'amoindrirait en s'énonçant. Elle se tient en retrait et n'a jamais fini de s'énoncer. «Telle est sa certitude: l'infini de son énonciation.»

— Mais alors, vous ne prenez aucune chance.

— Aucune, vous avez raison, car je les prends toutes.

— Vous ne savez donc pas où vous allez.

— Très peu, merci. Mais je n'ai aucun doute.

— Drôle de chance!

— Oui, drôle de chance! Mais telle est ma loi. Tout abandonner à la chance.

*

Attentif à ton rythme, n'inscris rien qui ne se soit sans détour imposé. Hasarde tout, tente ta chance, mais soumets-toi à ce qui, finalement, ne se laisse plus contourner ni oublier. Une autre mémoire naîtra, celle de tes gestes et de tes marques. Mémoire sans images, qui s'éprouve dans la chair de ton existence. Mémoire sans souvenirs. Sans nostalgie. Mémoire nette, sans bavures. Mémoire de la pierre combien de fois nettoyée et polie par la mer. «Regardez sa forme, comme elle est singulière!» Et pourtant, involontaire...

Kafka: *La colonie pénitentiaire*. La machine devenue folle. Son extrême raffinement, son extraordinaire précision au service de l'application d'une loi immuable se muant soudain en une profusion déréglée de roues dentées: la crainte de la loi laisse place au ravissement extasié que l'on éprouve devant un numéro de cirque.

*

Décider quoi? Pour aller où? Attendre plutôt d'être porté à la limite.

*

En me portant présentement à la limite de tout ce qui est à ma portée, c'est-à-dire à la limite de l'ouverture possible maintenant, comment ne ferais-je pas que, par delà cette limite, autre chose apparaisse pourquoi je n'ai pas de nom et qui n'a aucun visage?

*

M'enfonçant dans ce qui est là, qui m'est donné et imposé, jusqu'au point où l'opacité, la résistance du fait se dissolve, autre chose advient, comment le nommerais-je? Un appel d'air. Un appel, tout simplement.

*

Mais pourquoi marquer, inscrire, si tout s'efface? Bien sûr, par incapacité de faire autrement. Mais je m'impatiente. Est-ce vraiment suffisant? Puis-je m'empêcher d'espérer? Mais espérer quoi? Un ailleurs, sans doute. Mais encore, pourquoi ailleurs? Par insuffisance, manque? Peut-être. Mais aussi par besoin d'effusion, de communion, d'extase avec un nouvel être, encore inconnu, un nouveau pays, un nouveau lieu. Vanité? Comment le croire?

*

Je m'impatiente. Car je cherche à toucher par l'effusion de ma pensée. Or, comment m'arrêterais-je à tel ou tel, tel être, tel lieu? De l'un, je suis renvoyé à l'autre. Indéfiniment.

*

Les significations se pressent, innombrables. Comment choisir? Mais surtout, comment ne pas choisir?

*

Elle me dit: «Je dis toujours ce que je pense.» Mais justement, quel intérêt? Ce que tu penses, tous le savent déjà. Pourquoi le répéter? Dis plutôt ce que tu n'as pas encore pensé. «Mais je n'ai pas les mots.» Comment les aurais-tu avant de les essayer et de les lancer, toujours un peu au hasard? Tu hésites? Tu cherches les mots? Ils sont là qui se pressent. Tu vois bien que tu n'en manques pas! Au contraire, ils sont innombrables et pullulent! Comment choisir?

*

— Vous ne pouvez pas leur demander de penser avant qu'ils n'aient acquis les mots et les méthodes.
— Mais ils ont déjà tous les mots qui, du fond des âges, se pressent et se bousculent. Simplement, levez l'interdit du maître-mot! L'interdit du mot juste. Du mot qui, alors, fut juste, mais qui, maintenant, au seuil de *cette* énonciation, ne l'est plus. Laissez-les tâtonner, essayer, s'enfoncer dans la forêt des mots. Épuisés, ils trouveront bien un mot auquel s'arrêter. Pour faire cesser ce foisonnement.
— Mais encore faut-il que cela foisonne!

— Vous avez bien raison! Alors, renoncez au maître-mot. Essayez aussi vos mots, ceux qui, aussitôt lancés, atteignent leur cible. Tels sont les mots justes. Les plus inévitables, les plus directs, les plus meurtriers. Qui sont toujours aussi les plus imprévisibles.

*

Qu'est-ce que l'avenir, après tout? Tu me diras que c'est demain, ton projet, ton possible. Mais comment savoir? Tant de mots, tant d'idées, tant d'images se pressent. Tant de pays nouveaux, et de déserts, et de plages inconnues. Tout ce fourmillement! L'avenir étouffe! À chaque instant, il faut choisir, exclure, affirmer et imposer le droit de tel mot, de tel geste à exister maintenant. Parvenu à ce point où nul autre ne peut plus s'y substituer, où, même, tous les synonymes ont fait faillite: «Ce n'était ni celui-ci, ni celui-là, pourtant si proche. Mais incontournablement ce mot, maintenant, lancé à toute vitesse sur sa cible.»

*

Le règne des maîtres-mots bloque l'accès à la prolifération verbale, d'où, seulement, peuvent sortir les mots justes.
— C'est tel mot qu'il faudrait.
— Comment! Tel mot! Qu'en sais-tu? Est-ce en toi que se presse cette vermine impatiente? Mais peut-être ma confusion te gêne-t-elle? Mon hésitation, et puis soudain, mon excitation?
— Plus de mesure, de retenue!
— Mais que sais-tu de la mesure qui est à la hauteur de ma démesure, et de la digue qu'il me faut inventer de toute nécessité pour la contenir?

*

La machine s'affole, j'ai brûlé les heures! Quel spectacle! Tel est emporté. Tel autre sourit, gêné. Tel, enfin, feint l'indifférence. Mais tous sont atteints. Ravissement? Frémissement? Oui!

Crainte et plaisir mêlés. Faut-il rire? Faut-il craindre? Faut-il sortir?

*

Interdire, c'est tuer. C'est-à-dire sélectionner. Éliminer la prolifération, la décomposition envahissante. Étrange! C'est par un meurtre que la mort se trouve domptée.

*

Le meurtre est justement ce qui laisse interdit, soudainement stupéfait. Qu'est-ce donc qui m'a poussé à agir de la sorte? Comment ai-je été capable d'un acte aussi radical, impitoyable, irréversible?

*

N'est-ce pas l'effet de tout acte, de tout agir, que de laisser ainsi stupéfait, face au vide, comme étourdi? Par un geste, peut-être seulement par un mot, lancé parce qu'il s'imposait, et ayant atteint sa cible, tout mouvement fut arrêté. Tout mouvement, c'est-à-dire toute recherche, toute hésitation, toute confusion. Soudain, l'absolue clarté, éblouissante, qui aveugle. Un étourdissement, comme si un coup avait été porté. Tel autre en fut victime sans doute, mais du même coup victime moi-même. J'ai tiré sur ce qui bougeait, là, devant moi, pour en finir avec ce qui bougeait, insaisissablement, en moi, et, de la sorte, avoir prise. Prise sur le visible, pour en finir avec l'invisible.

*

Par meurtre, il faut entendre tout intervention qui perce, transperce, fend, et de la sorte, discrimine, sélectionne, élimine. Tout acte donc. Toute écriture. Toute désignation.

*

Désigner: de la multiplicité confuse, dégager le trait, dessiner un tracé. De toutes les formes qui s'ébauchaient, dégager

43

l'une, par essais et tâtonnements, jusqu'au moment où le geste s'arrête, interdit. La forme est trouvée.

*

Agir: trouver la forme. Arrêter le mouvement en le résumant en un trait ou un ensemble de traits. Une cohérence au fond parfaitement hasardeuse, mais absolument nécessaire. Tel un corail.

*

Comment une étrange impression de vide ne serait-elle pas l'effet intérieur de tout acte? Avant d'agir, tout proliférait: images, sons, traits, mots. Tout s'ébauchait, en se pressant confusément. Jusqu'à cette sorte de nausée, de perte d'équilibre qui me fit me dresser soudainement et me retourner contre ce qui me dévorait. Pouvais-je faire autrement? Mais, agissant de la sorte, j'ai tué pourtant ce qui me faisait vivre. Qu'est-ce alors que la vie? Ce qui prolifère et se presse en désordre, ou ce qui, d'un geste, tranche et dessine le trait, désormais indélébile?

*

Le vivant est ce qui s'affirme par l'agir, envers et contre ce qui se décompose. C'est-à-dire justement ce qui, par le tranchant du coup qu'il porte, se fait être envers et contre ce qui le menace. Si, comme le dit Bataille, «... la vie est toujours un produit de la décomposition de la vie», c'est par un refus de cette décomposition que le vivant s'institue et donne lieu à sa cohérence. «Cependant, ajoute Bataille, la vie n'en est pas moins une négation de la mort. Elle est sa condamnation, son exclusion.»

*

Mais la décomposition de la vie, n'est-ce pas encore la vie? La décomposition de la vie, c'est le mourir du vivant; l'affirmation du vivant est l'effet d'un acte qui institue un ordre, une cohérence autonome. Le mourir du vivant est donc son état premier, c'est-à-dire son mode d'être le plus fondamental, ce à quoi tout vivant est d'abord porté. La survie du vivant est toujours le résultat d'une affirmation qui requiert l'effort de sélectionner et d'éliminer pour que se dégage de façon toujours plus épurée la forme dans laquelle tel organisme reconnaît sa cohérence propre. Mais cette cohérence n'est jamais donnée. Elle doit être produite, ce qui ne va pas de soi et est toujours à recommencer. C'est pourquoi tout vivant se lasse de vivre et aspire à disparaître. Telle est sa tendance la plus profonde, et, en ce sens, la plus naturelle.

*

Il ne faut pas confondre le mourir et la simple inertie. Le mourir est un processus de décomposition dont la mort est le résultat. Mais entre ce qui est mort ainsi et ce qui n'a jamais vécu, la différence est essentielle. Il faudrait en dire, comme Bataille l'écrit du cadavre: «... ainsi cet objet est-il moins que *rien, pire que rien.*» C'est la différence entre la pierre et le cadavre. La pierre est inerte, le cadavre est un organisme mort. Le vivant laisse sa trace dans le cadavre, dont la décomposition le fera rejaillir. L'inerte est figé, dépourvu de toute trace, à moins que le vivant n'y en ait laissé.

*

La cohérence du vivant est cette silhouette abstraite, au tracé à la fois ferme et mouvant, qu'il projette au-delà de lui, dans l'espace.

*

Cette silhouette échappe à tout moi, car elle le précède. C'est désespérément qu'il cherche à la rattraper, car plus il en approche, plus elle s'échappe. Le moi n'existe que dans cet intervalle où s'esquisse le geste du vivant de coïncider avec la forme, cette silhouette qu'il projette au devant de lui. Il n'est donc en ce sens, en effet, que projet. Projet de coïncidence et de reconnaissance. Projet d'identité. Telle est sa seule réalité. Telle est donc aussi sa seule légitimité. Il ne saurait aspirer à aucun autre statut, à moins que de ce projet qu'il est il prétende faire une fin, et achever d'un geste son mouvement toujours amorcé. Et de cette silhouette au loin projetée faire son bien, sa propriété, au point de s'imaginer qu'il en serait la cause.

*

Mais, de cette forme entrevue, de cette cohérence aussi miraculeusement produite, de cette silhouette d'apparence si nette, quoique si précaire, comment ne pas s'éprendre? Serait-ce donc moi? Et pourtant, te répondra-t-on, ce n'est pas toi, plus toi et pas encore toi. — Mais alors, qui suis-je? — Comment ne le sais-tu pas? Tu es ce vivant qui se produit, parce qu'il ne peut faire autrement. Humain, tu éprouves en toi-même toute la précarité de ce projet, le vide qu'il suppose, l'impossibilité de rattraper cette silhouette qui fuit, et tu voudrais, en une ultime coïncidence, achever le projet en faisant dc cet achèvement la Loi suprême qui désormais s'impose à tous? Mais il n'est d'autre loi que celle par laquelle, à tout instant, le vivant, se ressaisissant, s'oppose à ce qui le menace.

Sur toutes choses, ce même regard latéral.

*

Cette façon d'être proche sans être vraiment présent. Seulement, subtilement décalé, à côté.

*

Tu peux toujours regarder devant toi, et faire face à ton avenir. Mais nul n'est en face du futur. Tout au plus peut-on le scruter. La méthode: subtilement décaler le présent.

*

L'innocence de tes yeux. Comme un impossible mirage. Justement: l'impossible s'y mire.

*

En tes yeux, se mire l'impossible innocence. Innocence perdue, parce que brisée. Intrusion, viol. Ce meurtre de l'âme, qui donc l'a commis?

*

Je rêvais avec elle, en elle, appuyé sur son sein. Tu vins et t'introduisis sans égard ni ménagement. La tendresse t'était-elle donc impossible, inconnue, interdite?

*

Et ce fut l'effraction. L'intimité violée. Le voile déchiré. Savais-tu ce que tu faisais?

*

D'où l'impossibilité du récit. Comment ne serait-il pas interrompu, fracturé? Et comment aurait-il pu se reconstituer, par-delà la fracture, et se dérouler en sa pseudo-continuité?

*

Le fragment est la marque de cette violence première. La pensée sans cesse interrompue se reprend sans cesse. Le désordre toujours refait, l'ordre sans cesse défait.

*

L'intimité gagnée. Un don, un surplus. Une chance. Une grâce. Mais aussitôt perdue.

*

En ces moments, il n'est plus question ni de toi, ni de moi. Mais seulement de ce qui passe (et se passe) entre deux battements de paupières.

*

Ils m'ont tout pris. Comment me reste-t-il encore quelque chose?

*

Eux, qui sont-ils?

*

Les violents anonymes, ainsi peut-être pourrait-on les nommer.

*

Toute la subtilité de ce monde qui n'est réel qu'en étant tout à la fois imaginaire, au sein duquel aucun objet ne pèse ni n'a vraiment de valeur, si ce n'est celle, invisible, qui émane, telle une ombre, de chaque chose.

*

On a tout brisé. Comment réparer?

*

Il me dit: «C'est irréparable.» Je lui réponds: «Le temps, le temps.» M'a-t-il entendu?

*

— Non, crois-moi, il n'y a rien à faire.
— Rien à faire? Comment le croirais-je? Il n'y a rien d'autre à faire. Comment ne le ferais-je pas?

— *Impossible.*

— *Impossible, certes, mais inévitable. Nécessaire.*

*

L'innocence est de l'ordre de la nécessité. Elle n'est en réalité que la nécessité elle-même, sans fard ni déguisement. Abandonnée, dirait-on, à son cours. Ce cours que l'on dira naturel.

*

En travers de mon chemin. L'autre. L'anonyme. La brute sans visage. La chose.

*

La chose. Entendre: l'objet. Ce qui bouche et conduit à l'étouffement. La suffocation de ce qui est plein.

*

Dès lors, la seule attitude possible: regarder de côté. Ne jamais regarder en face ce qui est sans visage et bouche l'horizon.

*

Telle une abeille, le dirai-je assez? Telle une abeille, d'une fleur à l'autre. Retirant son suc. Et passant à une autre. Oui, c'est cela: passant à une autre.

*

Oui, c'est cela. Comme tout à l'heure. Ce trait. Ce même trait qui revient, différemment. Le même, ce même qui revient différemment. Différemment, toujours différemment. Te reverrai-je un jour, toi, oui, toi, que j'ai perdu?

*

Qui es-tu, toi qui me voues au trait, à la finesse du trait? Subtile conseillère qui me guide à mon insu. Qui es-tu? Mais, dis-moi, qui es-tu?

*

Tu me parles en langue étrangère. Mais je t'entends. Fine oreille. Fine oreille, me diras-tu.

*

Fine oreille, t'ai-je perdue?

*

Il nous faut apprendre un autre langage. Celui du trait. Produit de la dissolution de l'objet.

*

Le travail nous mène à l'objet. Le désir nous ramène au trait. De l'un à l'autre, entre les deux, cet intervalle. Y as-tu pensé?

*

Cet intervalle entre le travail achevé, fini et la tension du désir non-encore advenu.

*

Un peu de pensée. Comme un peu de désert. Précédant la tension. L'innocence entrevue. Un battement de paupières. Impossible. Oui, l'impossible.

*

Il m'amenait souvent avec lui. Me parlait. J'écoutais la rumeur. Était-ce bien lui? Cette douceur?

*

Peindre par touches successives. De même, écrire. Pour qu'il ne reste que le trait, et que l'objet se dissipe.

*

Ne m'encombrez plus de vos récits.

*

Il n'est de violence que celle de l'objet. Qui s'exerce par suffocation, asphyxie.

*

De l'objet. Qui empêche d'être attentif à la subtilité du trait. De se mouvoir avec grâce au sein de cet entrelacs de traits.

*

Avec grâce. Sans lourdeur. Avec subtilité. Sans se fixer à un objet. Dégageant de chaque chose l'essence, et passant à une autre. Oui, c'est cela: passant à une autre.

*

Le trait inscrit éteint et ravive à la fois le désir.

*

Telle une étincelle qu'un léger contact provoque, qu'un rien suffit à éteindre.

*

Telle une abeille aussi. D'une fleur à l'autre. Sans insister. Retirant le suc. Et passant à une autre. Oui, c'est cela: passant à une autre.

- II -

Mais qui es-tu, toi dont le visage se couvre et se découvre?

*

Qui es-tu, toi qui te défais?

*

Toi qui avoues. Et te retiens.

*

Toi, sans fond.

*

Sans fard.

*

Toi qui avoues.

*

Car tu es tout aveu, et ne te livres...

*

Et ne te livres que sans condition.

*

Parfois, sous condition?

*

Le visage celé. Et ouvert.

*

Dans l'éclaircie de tes yeux. Et de ta parole.

*

Dans cet aveu. Du cœur de cet aveu. Du cœur de cet aveu, ce qui s'écoule.

*

Il pleut. Tiens! Il pleut.

*

Je t'offre ce dialogue sans réparties. Sans personnage.

*

Sans auteur.

*

Je t'offre ce qui de moi se soustrait.

*

Voilà pourquoi je me retire. Et me retiens.

*

Ce que j'avais à te dire. Cet aveu.

*

Cet aveu de mon silence. De ma parole en retrait. De mon retrait.

*

Je t'offre mon retrait. Tel est mon amour.

*

Telle une prière.

*

Sur fond de ciel blanc. Et vide.

*

Sur fond d'éclat. Sur fond d'éblouissement.

*

Je m'offre à toi, à tes prières.

*

Je m'offre à tes prières, tel un dieu crucifié, abandonné. Dont le Père ne répond plus.

*

Et qui s'offre à nous. Dans sa nudité. Dans sa nudité qui décontenance.

*

Et je ne doute pas de surmonter tes réticences.

*

Sans les vaincre toutefois. Car je respecte leur silence. Le silence qui en elles s'avoue et se retient.

*

Ta petite musique... Mais surtout, surtout ce qui en elle est inaudible.

*

J'aspire à l'insaisissable. Parce qu'il est plus pur.

*

J'aspire à l'inaccessible. Parce qu'il est plus beau.

*

J'aspire à ce qui m'échappe. Et que je ne puis toucher.

*

Je touche pour ne plus toucher.

*

Pour toucher ce qui ne se touche pas.

*

Je me sens touché par ce qui ne se touche pas. Tes larmes.

*

Je t'offre à nouveau ce dialogue sans réparties. Et sans personnage.

*

Cette pièce sans acteur. Cette pièce en silence.

*

Les mots sont en pénitence. Les acteurs sont en vacances.

*

Et la pièce se joue en silence. Je t'offre ces blancs, ces absences, ces silences. Cet inavouable retrait. Cette âme.

*

Je t'offre cette effusion.

*

Cette profusion qui s'achève en désert. Quelle honte! Mais quelle honte!

L'attente. L'objet. Le projet.

*

La précipitation vers l'objet, vers le mot. Cette impatience.

*

De la nécessaire suspension du recours automatique au mot et à l'objet.

*

La crainte de l'angoisse rend impatient. La crainte de l'indéterminé, de l'indéfini.

*

À travers les mots, les portant, les animant, le souffle. Qui seul agit.

*

Pourquoi cacher son incertitude? Et recourir aux mots que l'on attend, aux objets familiers? L'incertitude dissout, mais ouvre la voie à d'autres mots, d'autres objets. Qui, dès lors, comme pour la première fois, apparaissent.

*

L'essence de l'homme est un décalage. Une certaine absence. Une certaine distance. Un certain silence.

*

Qui s'approche dans le doute, l'hésitation, l'incertitude. Formes premières et douces de l'angoisse.

*

Ne devrait-on pas se méfier des angoisses trop lancinantes, trop «criardes» qui nous portent à nous en prendre aux «choses» comme aux causes de nos états? Or l'angoisse est un état sans cause, comme il est sans objet.

Les intentions sont vaines, l'attente sans objet.

*

Les projets doivent être abandonnés.

*

Le possible est une disponibilité à l'état pur (soustraite à toute fin). Une disponibilité qui, se prenant elle-même pour objet, annule tout projet.

*

— Toi qui ne dis rien, qui es-tu? Toi, qui es-tu? Qui ne dis rien.
—

*

— Non, je ne t'ai pas interrompu. Car que faisais-tu?
—

*

Violence. Retirer l'objet. L'objet tant attendu. Oui, l'objet de ton attente.

— Mais toute attente est vaine.

*

Toute attente. Toute attention à ce qui se dérobe.

— Alors, je te déçois?

*

Violence. Telle est la violence. Soustraire. Retirer l'objet. Révéler la vanité d'une certaine attente, d'une certaine attention.

*

Non. Nous ne nommerons pas l'objet de cette attente. Ni Messie, ni Mecque.

— Nous savons qu'il ne viendra pas.

*

— Mais il reste le désert...

*

— Ah!

*

Ce dialogue sans réparties. Ce que je t'offre. Cette vaine prière.

*

— Nous prions ce qui se dérobe.

*

— Notre ferveur est sans limites. Et sans objet.

*

— J'aime de Dieu qu'il se dérobe. Et ne réponde à aucune prière. Telle est sa puissance: celle du silence.

*

— Telle est sa transcendance. Qui s'approche à travers la folie.

*

— La prière est folie. La transcendance est un dérèglement. Mais les immanences sont mornes.

*

— Ainsi de ce jour qui se lève. Trop beau pour être saisi. Vain, en ce sens. Mais qui appelle et qui hante.

L'idée (l'idéal) d'un progrès indéfini (des connaissances, des techniques), représentation commune d'un mouvement inépuisable, n'est-elle pas la négation de tout mouvement réel, qui s'entendrait plutôt ainsi qu'une dynamique que révèle et que relance l'absence d'objet, soit cette violence de l'interruption inattendue? De l'accident.

*

Seul l'accident, révélant le vide et dérobant l'objet, révèle la dynamique qui nous meut. Cette même dynamique qui nous porte de l'effort au dégoût de tout effort.

— Or cet accident a tout remis en cause. Mes efforts auraient-ils été vains?

*

Mais l'accident, s'il paraît survenir de l'extérieur, «m'arriver», s'est d'abord produit en moi-même. Ce vide me hantait. Cette hantise de l'interruption m'habitait, tel un pressentiment.

— Ne te l'avais-je pas dit?

*

— Certes, je voulais que mon souhait ne se réalise pas. Que je n'atteigne pas au but. Que mon projet s'effondre.

*

Que mon effort avoue sa vanité.

*

— Que j'en sois réduit à la prière. À l'invocation de cette transcendance muette et nue qui me comble d'émoi. Cependant.

Le luxe. Instantanéisation. Subite accélération. Volatilisation de la matière. Pensée.

*

Préserver cet espace d'indétermination où tout, encore, peut se passer. Tout ou rien.

*

Le luxe est non-événement. Avènement de «ce qui ne se passe pas», du pur «se passer». Irradiation. Éclair. En même temps, soustraction, dérobade (action de se dérober). Fuite du temps.

*

Jamais ce qui viendrait «s'ajouter» à «ce qui est». À «ce qui est» rien ne s'ajoute, car, à son approche, tout se dérobe (et prend fuite).

Il ne s'agirait alors en effet que de «ce qui est déjà là», à quoi rien d'autre ne peut s'ajouter que le même. Sa répétition, son redoublement.

Redondance du «progrès». Ennui du «progrès» (qui, pourtant, excite tant).

*

— Le progrès t'excite, dis-tu. Alors, grand bien te fasse!

*

— Quant à moi (à nous?), il m'ennuie!

*

Rien ne peut s'ajouter à ce qui est. La croissance est un leurre (nécessaire). Le progrès, une illusion (nécessaire). Notre civilisation, un feu de paille (nécessaire?).

*

— Tu me manques!
— Enfin!

*

— Je pars sans t'attendre.
— Reviendras-tu?
— Ne sais.
— Je te suis.
— Où ça?
— Oui, où ça?

*

— Je suis déçu.
— Tiens! Pourquoi?
— Que tu sois là.
— Mais quoi? Tu m'attendais!
— Justement.

*

Le «trop» n'est pas «quelque chose» qui s'ajoute à ce qui est. Mais ce n'est pas non plus un manque. À travers l'expérience (l'épreuve) de ce qui se dérobe, cet état de ferveur sans objet, sans raison.

*

Cette ouverture au pur possible! Cette attente pure de tout objet. Cette prière vaine. Cet espoir inconsidéré.

*

— Il est vrai, j'ignore où je vais.

*

— Justement. Que la dynamique soit rendue possible par une dérobade, un glissement, une perte (inattention, relâchement de l'effort, de la tension vers...)...

*

L'on dit: «la pensée rend malade». Mais la pensée est elle-même une maladie. Plus précisément, la pensée est maladie.

*

Le «progrès» est le contraire même d'une dynamique: représentation figée d'un avenir où, sans fin, les objets s'ajoutent aux objets (des quantités à des quantités).

*

Telle est *la banalité*: la réduction à l'objet, à l'objectivité, à la fonction instrumentale.
Seule la pensée sauve de la banalité.

*

Pourquoi les idées devraient-elles «servir»? Elles «serviront» bien tôt où tard. Alors, ne faudrait-il pas plutôt se soucier de ce qu'elles ne servent pas ou qu'elles servent le plus tard possible? Les maintenir dans leur puissance d'éveil.

*

Une idée qui «sert» est une idée morte.

*

Perte nécessaire du sens de l'individualité dans le passage «à l'état second» ou état d'«inspiration». L'on ne peut être «inspiré» que si l'on a consenti à se détacher de tout objet, de toute «puissance» d'instrumentation et d'objectivation.

*

Ces notes, ces idées, je m'interdis de les ordonner à l'avance. J'attends l'échéance. L'obligation. Qui me forcera de les ordonner. (Je ne m'asservis pas de mon plein gré.)

«À l'obscur et en assurance»

Saint Jean de la Croix.

*

Tel Rimbaud renonçant à la littérature. Et ouvrant en lui l'espace du voyage. De l'errance. Et du désert.

*

L'accident ouvre un vide, et, de la sorte, libère un appel d'air.

*

Nul ne peut entendre cet appel s'il n'est attentif à ce qui, en lui, sans cesse, se dérobe à toute prise, à tout projet, à toute entreprise.

*

Tel est le sens de l'errance (de l'«exode»): déplacement sur place, pourrait-on dire. Le désert n'est pas quelque part. On ne peut s'y rendre. Soudain, il se fait («le désert se fait»). Les points de repère familiers se sont évanouis. C'était imprévisible. «Pourtant, dira-t-on, tout continue comme avant.» En apparence, en effet, rien n'a changé. Je suis là, toujours là, le même, toujours le même. Tel est le paradoxe. Je devais partir, aller là-bas, comme prévu, et pourtant, je suis resté ici. Justement, tout a changé, ce voyage est devenu impossible. Le désert s'est fait. Et la traversée a commencé.

*

«À l'obscur et en assurance»

Saint Jean de la Croix.

*

La traversée a commencé. Pourtant, je reste sur place. Mais j'ai soif. Plus soif qu'avant, dirait-on. Étrange, n'est-ce pas?

*

Le projet s'est lézardé. Comme une vieille facade. Et ces villes... qui avaient un nom («elles avaient un nom») et que je comptais visiter, se sont estompées. Mirages de palais et de musées surgis au cœur du désert. Églises, palais, musées, et ces villes qui avaient un nom...

*

Vers l'horizon, plutôt. Suivre le chemin de l'aurore. Avancer vers l'insaisissable.

*

Les yeux ouverts sur l'intérieur redécouvrent l'extérieur. Églises et palais s'estompent, s'évanouissent. Suivant le chemin de l'aurore...

*

Mais tel est ton espoir. Infigurable. Cette ouverture ardente qu'aucun objet ne peut combler. Qu'est-ce donc, qu'est-ce d'autre que révèle l'évanouissement de l'objet?

*

— Qu'espères-tu?

— J'espère, voilà tout, et me refuse à tout objet. À tout objet qui se présente. Et qui me tente.

*

Mon écriture s'arrête au seuil de l'explication. Qu'il lui suffise de suggérer. De suggérer ce qui vient. Ce qui peut venir.

*

L'appel de ce qui peut venir se fait entendre à l'occasion de ce qui advient. Ce non-événement qu'est l'accident. L'événement du pur «advenir», du pur «se passer». L'accident révèle le pur «se passer». Rien d'extérieur ni de spectaculaire. Rien de visible ni de représentable. Audible cependant. Tel un léger craquement, révélant derrière ce qui, supposément, «se passait», l'événement vers lequel l'attention s'était portée en silence, un «se passer» ignoré, qui ne s'en passait pas moins. Le temps, peut-être. L'écoulement, le pur écoulement du temps.

*

Tel un surplus, cependant. Une véritable prolifération de pensées, contenues, semblerait-il, depuis longtemps. Attendant d'être libérées. Mais bien sûr, n'attendant rien. Se passant tout simplement, pendant que l'attention s'attarde à autre chose. Et se passant avec d'autant plus de densité, de «compacité» que l'attention reste tournée vers l'extérieur, l'objet qui l'attire. Ce qui se passe ne s'en passant pas moins. Ne s'en pensant pas

74

moins. À l'abri, dirait-on. En retrait, semblerait-il. À tout autre celé. Ce mouvement.

*

Ce mouvement subitement libéré. Telle une dynamique. Du choc du pur «se passer» et de l'événement pourtant attendu («auquel on s'attendait»).

*

Tel un appel qui se fait entendre. L'accident, si on y est attentif, si on sait le remarquer, et si l'on consent à basculer dans le vide qu'il ouvre, laisse entendre un appel. Depuis longtemps contenu. Resté sous pression. Dont l'avènement se manifeste en surplus.

*

Tel un luxe. Soit: l'objet dissous en ferveur. Pure effervescence. Pure et vaine effervescence. Telle une impatience sans objet et sans cause. Que rien ne satisfait, à partir du moment où elle est apparue.

*

J'étais alors à P. La dernière fois que j'y fus, tiens. Tout s'était joué alors. Comme cette pièce que je fus voir. Et que hantait la mort. Dérobant le sol à mon optimisme de commande. En effet, j'allais bien à P. pour... Et pourtant, tout autre chose s'empara de moi, s'engouffra en moi par quelqu'ouverture inconnue jusque-là, à la faveur sans doute de cet état de solitude inquiète que la pièce, hantée par la mort, révéla. S'engouffra en moi: j'y sentis la mort. Non pas tant un appel alors qu'une hantise, une hantise de la nuit, de l'obscurité. Je craignais la nuit, l'obscurité et ne trouvais plus le sommeil. Hantise de la dissolution. Dès lors fut résolu d'en appeler à C. Qui vint. Avec toute la ferveur de sa fidélité. Répondant à cet appel à l'aide, au secours. «Viens, je ne puis seul rester avec cette hantise qui me détruit. Je ne puis seul la supporter.»

Mais la hantise de la mort n'est peut-être qu'une première version, négative, de cet appel, qui, lorsqu'il est en tant que tel entendu, mue, dirait-on, en profusion, ce qui s'éprouvait auparavant comme décomposition.

*

Ainsi pourrait-on comprendre que la joie soit plus profonde que la douleur, comme le dit Nietzsche. Plus profonde, en ce qu'elle viendrait après, comme métamorphose de la hantise en appel, de la dissolution en profusion, du vide en plénitude.

*

Mais alors une plénitude qui n'est plus celle de la présence. Qui s'en distingue en ce qu'elle n'a rien d'achevé, pur jaillissement dont on sent qu'en lui-même il est ininterrompu et qu'interrompt seule ma propre fatigue.

*

Derrière l'optimisme de façade, de commande, se dissimule l'extrême hantise de la mort et de la décomposition.

*

La fascination du progrès, l'attitude de positivité sans faille qu'elle commande, correspond à une sorte de raidissement, de crispation apeurée face à la hantise de la décomposition — l'obscur fourmillement des vers. D'où cette impression d'artificialité, cette tendance à se comporter de façon mécanique, cette «aspiration» à la mécanisation de l'existence.

*

Le progrès: insatiable appétit d'appropriation, refus crispé du dépouillement, de la nudité, de l'absence d'image et d'objet, comme si à toute insatisfaction, à tout manque devait correspondre une appropriation nouvelle.

L'humanité n'évolue qu'à la condition de se détourner de tout souci d'évolution, de croissance, de progrès.

Mais alors, le terme d'«évolution» ne conviendrait plus. «Évolution» (croissance, progrès) correspondrait au perfectionnement des œuvres matérielles — utilitaires — de l'homme.

En même temps que l'homme «évoluerait», il «décrocherait» de tout souci d'évolution pour être ramené à l'«essentiel», qui ne change pas.

*

Mais ne faut-il pas «évoluer» pour «décrocher» de tout projet d'«évolution»? Ne faut-il pas «progresser» dans l'ordre des choses (donc «se chosifier» toujours plus) pour être ramené à l'essentiel?

Ne faut-il pas s'approprier pour en venir à se dépouiller — pour que ce dépouillement ait un sens qui ne soit pas hanté par la nostalgie de l'acquisition?

*

En même temps que l'homme apprend à maîtriser les choses, n'apprend-il pas les limites de toute maîtrise?

(Nécessairement?)

(Jusqu'à quel point peut-il se détourner de lui-même, ce centre intime, ce centre vide qui ne s'atteint qu'au bout du dépouillement?)

*

Il y aurait ainsi une fausseté du «dépouillement volontaire», en ce que, à priori, soit avant même d'en avoir approfondi l'expérience, l'individu préjugerait de la «fausseté» de toute forme d'«évolution» (dont cependant, nécessairement, il serait tributaire aussi).

*

Le dépouillement «volontaire», enseigné par les religions, est contredit par l'extension sans cesse croissante du monde des choses qui le rend dérisoire. Ainsi, la «réalité» — celle du monde des choses en évolution — contredit la «morale» qui incite au dépouillement. Dès lors, toute morale se trouve dévaluée en ce que *la* «morale» s'avère impuissante face au monde des choses.

*

Cependant, l'extension du monde des choses n'invalide pas tant la «morale» que son volontarisme, pas tant l'exigence du dépouillement qu'une telle exigence promue antérieurement à toute expérience réelle du monde des choses.

Or cette exigence ne peut surgir que par «accident», lorsque la satiété — ou la recherche de la satiété — se trouve inquiétée, prise en défaut.

*

N'est-ce pas ainsi qu'il faudrait comprendre la nécessité de l'expérience du «péché» d'un point de vue religieux? Non tant au sens où celui-ci devrait être «recherché» avec une certaine complaisance qu'au sens où il tiendrait à la réalité et à la nécessité de l'existence de l'être humain en tant que corps qu'il vive jusqu'au bout — à la limite de ses ressources — l'expérience de celui-ci pour que, *du sein même de cette expérience,* une autre dimension surgisse?

*

Est-il pensable d'éluder l'expérience — celle du corps, des choses — pour «sauter» dans une autre dimension? Ne serait-ce pas alors en rester encore à une perspective «évolutionniste», le «plus» procédant d'un saut «volontaire» par-delà l'ordre des choses? Et ainsi sous-estimer et chercher à éluder la nécessité de l'expérience de celui-ci? Et refuser de reconnaître qu'il n'est aucune autre expérience possible du «surplus», de l'au-delà que dans le sillage de l'expérience d'une défaillance éprouvée, d'une insuffisance ressentie de l'ordre des choses?

*

L'on aurait beau «connaître», du fait d'avoir été «prévenu» ou «mis en garde», toutes les défaillances de la chair et l'insuffisance des choses matérielles que ne se trouverait pas éludée pour autant la nécessité *pour chaque individu* d'en faire l'expérience et d'apprendre à la faveur de l'expérience.

*

Car le «plus» qui n'est pas pressenti du sein de l'expérience du «moins» se trouve, étrangement, hanté par la nostalgie de celui-ci. L'ange aspire à la bête, le «pur» à l'«impur». L'ascète est environné de démons.

C'est que le «plus» dont il est question reste abstrait: c'en est tout au plus une image, une représentation. Mais non ce «plus» auquel on aspire du sein de la difficile expérience des choses et de la chair comme à ce qui sauve et à quoi l'on ne parvient pas à donner de nom.

*

«Dieu» n'est-il pas justement celui dont le «nom» ne doit pas être prononcé? Non tant parce qu'«Il» l'aurait interdit que parce qu'«Il» est justement ce qui échappe à toute nomination, pure désignation vide d'un lieu d'aspiration.

*

Prétendre que l'on ne pourrait prononcer son nom que parce qu'«Il» l'aurait interdit, c'est présupposer sa Parole avant toute expérience du silence. Si la Parole de «Dieu» est de toute éternité, signifiant ce «Plus» qui nous habite toujours déjà, notre compréhension de cette Parole n'est pas de toute éternité mais se fraie un chemin à travers l'inconnu, le désert, et l'écoute du silence.

*

Si la compréhensibilité de Dieu est préalable à sa compréhension, cela ne veut en rien dire que cette compréhension serait depuis toujours déjà acquise à l'homme et comme garantie, mais reviendrait plutôt à affirmer un décalage essentiel, une «inadéquation» radicale entre le compréhensible et l'expérience toujours difficile — au prix d'un dépouillement qui ne saurait en aucun sens être «commandé» — de la compréhension.

*

À la loi qui se formulerait ainsi: le monde intérieur se réduit — se resserre — proportionnellement à l'extension du monde des choses, ne faudrait-il pas ajouter en complément: l'expérience du monde des choses — donc le resserrement de l'espace intérieur — est la condition nécessaire de la révélation — par accident — et de l'avènement du sens du monde intérieur? Et aussi la condition de la purification de ce monde, de sa réduction à son essence propre?

*

(Comme si, d'un certain point de vue religieux, l'expérience du monde des choses n'était tout au plus que tolérée, concédée, en dépit de son caractère inéluctable et indépassable, le «péché», quoique reconnu, n'étant jamais admis dans sa nécessité...)

*

D'où la force historique de la pensée de Marx qui consisterait en sa reconnaissance pleine et entière du monde des choses et de la nécessité pour l'homme d'aller au bout de son expérience. D'où, par conséquent, la fausseté de toute «œuvre de l'esprit» qui prétendrait y échapper — et la preuve facilement faite que, plus elle y prétend, plus, en réalité, elle y cède.

*

Mais la «négativité» marxienne, si, par l'affirmation du caractère nécessaire de l'expérience du monde des choses, elle permet de «démystifier» le monde de l'esprit, n'ouvre sur rien d'autre, ne donne sur aucun au-delà qui ne soit aussi de l'ordre des choses.

*

Fausseté du «capitalisme» selon Marx: avoir reconnu sans restriction le règne de l'utilité, mais sans l'admettre pleinement sur le plan de la conscience et continuant à se référer à la «liberté» de la conscience qu'il œuvrerait par ailleurs à priver de tout sens.

Et justesse du «socialisme» qui irait au bout, en toute conscience, de la réduction de l'homme aux choses — pour qu'il puisse décidément être libre pour autre chose.

Cependant, nulle affirmation positive de cet «au-delà» à moins que l'on entende par là le «communisme». Mais le «communisme» signifie-t-il un «au-delà» du monde des choses?

*

La conscience de celui qui vit dans le monde «capitaliste» est sans cesse occupée par l'utilité et les choses mais, en même temps, prétend ne pas l'être. D'où l'impression de fausseté qui la traverse et qui, sournoisement, mine la valeur reconnue aux œuvres de l'esprit dont elle continue pourtant de se réclamer. Et cette autre impression, paradoxale, que ces œuvres sont peut-être moins, en réalité, dévalorisées dans des sociétés ou sous des régimes qui en restreignent la liberté.

En ce sens, la «démystification» du capitalisme est aisée mais fondée. Mais en même temps faussée, parce que la «critique» se trouve le plus souvent incapable d'affirmer un au-delà qui ne soit pas que matériel.

*

...et qu'à vouloir à tout prix surmonter ses faiblesses en vertu d'un acte de la «volonté», on se voue à s'y enfoncer toujours plus, mais alors en dépit de soi-même, plus encore, contre soi-même, celles-ci risquant de faire retour contre soi avec toute la force destructrice de ce qui fut longtemps refoulé.

*

...et qu'il est certaines faiblesses en soi auxquelles il faut consentir si l'on veut aller au-delà.

*

... alors qu'au fond l'on n'atteint à l'au-delà que si l'on a consenti à s'en déposséder, oubliant de le convoiter, oubliant même jusqu'à son existence.

*

L'au-delà n'est-il pas ce qui sans cesse échappe, sans, pour autant, être un mirage? Ce qui, en ce sens, ne saurait faire l'objet de quelque convoitise, déguisée en «plan de salut».

*

...et la «grâce» ne signifie-t-elle pas le caractère imprévisible et, en un sens, aléatoire — quoique nécessaire, en un sens plus profond, qui nous échappe — de tout «salut» et de tout au-delà?

*

Que le «salut» ne soit jamais garanti, qu'en ce sens il ne puisse être «mérité» n'est-il pas signifié par l'expérience même de la «grâce» qui ne «sauve» qu'«à condition» de n'avoir pas été recherchée — c'est-à-dire convoitée —, mettant en jeu une économie qui ne requiert de nous essentiellement que passivité et consentement, c'est-à-dire dépouillement?

*

Prendre une «décision» préalablement à l'expérience comme défaillance, n'est-ce pas refuser le nécessaire dépouillement que requiert de nous l'imminence de l'aléatoire — à travers l'aléatoire une autre économie se dessinant qui ne nous devient perceptible que dans le consentement à ce qui dépossède — et prétendre résorber cette expérience dans une prétendue «morale» du dépouillement, qui n'est tout au plus qu'une représentation de celui-ci — sa caricature — qui en tient lieu et en dispense avec «bonne conscience»?

*

Que l'homme ne soit pas le maître de la nature ne saurait signifier qu'il doive s'y «adapter», en d'autres mots, s'y plier, s'y réduire et tendre à renoncer à cela même qui fait toute sa différence et le «désadapte» sans relâche, la pensée.

*

Qu'il ne soit pas le maître de la nature tiendrait plutôt à ce que le rapport à son essence s'origine d'une passivité fondamentale. Car cette passivité, qui est réceptivité à ce qui sans cesse l'appelle hors de lui-même, le rend incapable de toute adaptation définitive, le poussant toujours au-delà.

*

Il n'est pas d'au-delà qui ne soit surgi d'un consentement essentiel à l'en-deçà, à ce qui sans relâche détourne du «préoccupant», des soins de l'utile.

Du point de vue de celui qui fait l'effort de penser, la pensée de Marx est à la limite de l'insoutenable.

*

Cette révolte de la pensée contre la misère, entendue en son sens le plus matériel, qui est au principe de l'œuvre de Marx, brise toute pensée en son élan pour la ramener, la réduire à la seule considération de cette réalité: l'homme miséreux, l'homme pauvre. L'homme qui n'en peut plus de lutter pour survivre.

*

C'est cette partialité de la pensée de Marx qui est insoutenable. Ce parti pris. Qui nie tout ce qui fait que la pensée est pensée. Mais qui fait achopper la pensée sur une réalité dont elle ne peut plus se détourner. Serait-ce pour s'en défendre.

*

C'est dire que cette partialité comporte une vérité. Qu'elle est vraie, en elle-même. Dans son injustice et son refus d'admettre ce à quoi prétendit la pensée si longtemps. Qui la voue à une radicale pauvreté, si tant est qu'elle tienne à exister encore. À égaler sa pauvreté à celle des hommes miséreux. À épouser leur silence et leur souffrance.

*

Ce qui, paradoxalement, n'est possible qu'en dehors du «marxisme» et par-delà la révolte marxienne. À partir donc d'un certain retrait. Entendre: un retrait de l'histoire.

*

Car qu'est-ce que l'homme aliéné par le travail sinon celui à qui son travail interdit de penser? Celui que son travail asservit. Et qui n'a rien à dire. Qu'il existe signifie que, si la pensée est bien l'essence de l'homme, quantité d'hommes existent qui sont coupés de leur essence et le resteront toute leur vie.

*

Or une telle condition, du point de vue de la pensée, est un scandale et une incontournable objection. À une époque où aucun penseur ne peut prétendre à une quelconque éminence par rapport à tous les hommes, où il est, sans réserve, l'un d'entre eux, sans plus, cette objection est plantée au cœur de sa vie sans que rien ne puisse l'en arracher.

*

N'est-ce pas le sens de la pensée de Marx que d'affirmer qu'à notre époque, dévastée par l'industrialisation à outrance, nul être ne peut prétendre qu'il pense s'il n'est à tout instant torturé par cette objection?

*

Et en même temps impuissant. Car le «prométhéisme» de Marx doit bien avouer aujourd'hui son échec dans les sociétés qui en sont issues et s'en réclament. Cependant, dans leur échec même, ces sociétés signifient sans cesse pour nous qui n'en sommes pas, la superficialité de notre existence tant que nous ne réussissons pas à répondre à l'objection qu'elles nous posent et qu'elles incarnent.

*

Si les sociétés «marxistes» n'ont pas résolu le problème qu'elles prétendaient résoudre, celui, capital, de l'aliénation du travail et de l'objection faite à la pensée par la nécessité de «perdre sa vie» à la gagner pour de larges quantités d'êtres humains, elles ont au moins le mérite de l'avoir posé. Telle est d'ailleurs leur force. Tel est le secret de leur force historique, aussi incontournable que le problème lui-même. La faiblesse des sociétés «bourgeoises», pourtant si férues de proclamer les «libertés» dont elles seraient garantes, est justement de l'esquiver sans cesse. Minant ainsi la crédibilité des principes dont elles se réclament. Car que signifie la «liberté» de l'homme si, pour une large quantité d'hommes, elle correspond pratiquement à un asservissement à la misère ou encore à un travail qui justement requiert pour être exécuté de renoncer à toute pensée? En quoi l'homme privé de «pensée», séparé de son essence, pourrait-il prétendre être «libre» et jouir des fruits de la liberté?

*

N'est-on pas plus près de la pensée, et donc de la «liberté de pensée», entendue en son sens le plus rigoureux, lorsque l'on a tenu compte de cette objection de la misère et du travail aliéné que lorsque l'on s'étourdit et s'anesthésie par incapacité d'affronter le problème?

L'homme, selon Marx, est séparé de lui-même dans son processus d'objectivation, non du fait qu'il s'objective mais du fait qu'il est dépossédé, du sein de cette objectivation, des objets de son travail, de son travail lui-même, etc.

*

C'est dire que Marx ne conçoit pas l'homme hors d'un rapport d'appropriation dc lui-même par l'intermédiaire de l'objet. Mais, plus précisément, c'est parce que, du point de vue de Marx, l'homme n'est rien hors son rapport à l'objet, qu'aucune «saisie» de son essence n'est possible hors ce rapport — actif essentiellement — qu'il se réalise à travers une activité d'appropriation.

*

...«homme social, c'est-à-dire humain», dira Marx: aussi n'est-il de discontinuité d'un homme à un autre qu'en raison d'un certain rapport de «désappropriation» de l'objet, par le moyen duquel doit nécessairement passer la communication de l'un avec l'autre. C'est dire qu'il n'est pas de communication hors cette nécessaire objectivation, hors donc du domaine du besoin et du travail. L'homme n'«est» pas hors du travail.

*

Or, l'émergence de la «propriété privée» n'est que l'effet de la nécessaire extériorisation de l'homme dans le processus de satisfaction de ses besoins. L'homme se perd nécessairement dans le travail, y perd nécessairement le rapport à son essence, ce que le travail industriel révèle et «avoue» dans toute sa nudité et sa vérité.

*

Dès les *Manuscrits de 1844,* se trouve chez Marx cette notion de la conscience comme «expression» — en toute continuité — du monde du travail, de l'«histoire». Absence de toute «crise» de la conscience — la pensée de Marx pourtant issue elle-même d'une telle crise, celle, historique, de la séparation entre le «penseur» et le «travailleur».

*

Mais cette crise, dirait-on, est niée et s'abolit elle-même dans la considération du processus objectif.

*

«...comment *l'objet,* qui est le produit de l'activité immédiate de son individualité, *est en même temps sa propre existence pour l'autre homme,* l'existence de celui-ci et l'existence de ce dernier pour lui» (Marx, *Manuscrits...*).
Aucune «opacité», dirait-on, dans l'objet, ni dans l'homme, ni dans la «nature», ni dans le rapport de l'homme à la «nature». Aucun soupçon de cet «entre-deux» de l'homme et de l'objet, de l'homme et de la «nature», de ce «décalage» qui est «ouverture» du sein de cette opacité qui, pour autant, n'en est pas supprimée.

*

L'homme donc, toujours déjà défini en rapport avec l'objet, n'est pas concevable autrement que comme «sujet». D'où ces références de Marx à l'expression de la «personnalité» de l'homme dans le travail. Or, le sujet est ce qui, dans l'homme, se pose face à l'objet, mais en un second temps puisqu'il se trouve toujours déjà, comme le dit Heidegger, «déposé», «jeté», de par son essence même, dans une ouverture d'où les choses et lui-même comme sujet «apparaissent».

*

L'homme marxien est donc ce sujet qui, se posant face à l'objet, actif, n'a d'autre essence que cette activité. D'où deux états possibles, à l'extrême l'un de l'autre: que l'homme soit dépossédé de son activité, empêché de se réaliser, ou que, cet empêchement étant levé, il se réalise totalement. Aliéné donc ou désaliéné. Tout entre-deux se trouvant supprimé, tout intervalle impensé.

*

Aussi l'existence intime ne peut-elle se concevoir autrement que comme existence sociale. Elle ne peut exister, du point de vue de cette conception de Marx, contradictoirement avec ce qui la nie. L'homme est tout entier intime *et* social, ou il n'est ni intime ni social.

*

«...car c'est seulement dans la société que la nature est pour lui comme lien avec l'homme, comme existence de lui-même pour l'autre et de l'autre pour lui...» (Marx, *Manuscrits...*).

*

Marx, en prenant comme modèle de sa notion d'appropriation l'activité productive de l'homme, le travail, est amené à la distinguer de la simple assimilation qui s'exprime dans la possession, en ce qu'il doit tenir compte d'une *résistance*, celle de l'objet à sa transformation, et de l'autre à sa «reconnaissance». Résistance dont rend compte la notion d'aliénation, impensable dans un simple rapport d'assimilation. Dès lors, on peut en comprendre le caractère nécessaire.

*

Mais l'homme est à ce point aliéné parce que son existence ne se distingue pas de son existence productive. Tel est le point de départ. Or, comme il n'est pas de production, de travail, sans que l'homme s'éloigne de son essence pensante, c'est-à-dire passive, on comprend comment un tel point de départ pouvait fonder un jugement d'aliénation radicale.

*

Le travail n'est-il pas nécessairement cette expérience de l'indépassable altérité de la chose et de l'autre, de l'intraversable opacité de la chose et de l'autre, tant qu'on s'en tient à l'action, à l'activité?

*

N'est-il pas d'«intimité», de coïncidence possible que dans la dissolution de l'objet comme de tout «moyen» de production ou de communication? Coïncidence dans cet entre-deux de la chose et de la dissolution de la chose.

Cette affirmation de l'objectivation, chez Marx, de sa nécessité, s'oppose à une conscience idéale, «désincarnée», qui se poserait au-delà de toute expérience sensible. Car l'expérience sensible concrète implique le rapport à l'objet, l'épreuve de sa résistance, et son dépassement.

*

Ce n'est que dans la mesure où l'épreuve de l'objet s'est trouvée réussie que le dépassement de l'objet devient possible. Dépassement de l'objet: désappropriation, dépossession.

*

Nul ne peut accéder à cet au-delà de l'objet — qui en est la contradiction, la dissolution, le «sacrifice» — s'il n'est parvenu — et c'est là justement le «travail» — à se poser par rapport à un objet et à s'imposer à celui-ci, à lui imprimer sa marque.

*

Tel est le sens de l'objection marxienne à toute conscience idéaliste: si l'on dit que l'homme ne réalise son essence que dans la dépossession, il ne peut ressentir l'exigence de celle-ci que par-delà l'épreuve «réussie» de l'objet.

*

Celui qui ne parvient pas à se poser face à l'objet et bute sur celui-ci fait l'expérience incessamment recommencée de son

93

retour contre lui-même. L'expression entravée, le mouvement d'appropriation empêché, telle est l'origine de cette expérience du retour de l'objet contre soi qu'est l'aliénation, au sens de Marx.

*

Nécessité d'assouvir l'instinct d'appropriation. Expérience de soi, de ses limites dans l'épreuve de la confrontation à l'objet, de sa résistance et du dépassement de celle-ci.

*

Force de Sade. Du même ordre que celle de Marx. L'épreuve de l'objectivation. Sa nécessité.

*

Révolte de la conscience à l'égard du refus d'admettre cette nécessité de la part de ceux qui en sont «libérés» du fait de l'asservissement de masses d'hommes à cette même nécessité. Protestation de la conscience contre cette mystification, cette imposture.

*

Que vaut l'exigence de dépouillement proclamée par celui qui se trouve dispensé de l'effort d'appropriation, d'objectivation, auquel sont vouées des masses d'hommes?

*

L'expérience religieuse, en tant qu'elle proclame l'exigence du dépouillement, n'est-elle pas mystifiante en ce qu'elle nie l'incapacité de masses d'hommes d'y accéder du fait qu'elles se trouvent démunies, c'est-à-dire réduites de force à un dépouillement matériel dont elles cherchent précisément à se libérer?

*

Scandale du luxe promu en ignorant les conditions d'asservissement qui le rendent possible.

*

Appropriation. Expérience consistant à se poser face à l'objet pour le «traverser» en le marquant, en y laissant sa trace. Expérience nécessaire à la constitution et à l'affirmation de tout «sujet».

*

Aliénation. Expérience du retour de l'objet contre soi, du sein d'un effort d'appropriation entravé, ou bloqué.

*

La poésie n'est possible qu'à celui qui sait lire et écrire. Le poète qui en est inconscient est un imposteur. Il exprime sa «belle âme», ce qui est sans intérêt.

*

Le poète se doit donc d'être pauvre, tant que la majorité des hommes le sont. Sa pauvreté seule est la condition de sa richesse.

*

Le «privilégié» qui «réussit» dans cette entreprise d'appropriation ne peut justifier son existence que dans l'expérience inverse du dépouillement. Si «s'approprier» veut dire imprimer sa marque sur l'objet, «se dépouiller» veut dire nier l'objet, le dissoudre. En toute conscience. Signifiant de la sorte la liberté fondamentale de l'homme par rapport à tout objet. Tout en sachant que cette liberté n'a aucun sens pour celui qui n'est pas parvenu à se poser face à l'objet et à s'exprimer comme sujet à travers lui.

*

Le «propriétaire» est celui qui ne peut détacher la vue de l'objet qu'il s'approprie. Il veut se voir en lui, se mirer en lui. Ne se contenterait pas d'y laisser sa trace pour, ensuite, s'en détourner. Mais tient à se voir dans l'objet sur lequel «il a mis la main». Du même coup, son geste bloque l'autre sur l'objet à son tour. Mais, à l'inverse, comme ce sur quoi il n'a jamais prise, qui, toujours, lui échappe. Et le renvoie à lui-même, l'enfermant dans la révolte contre l'objet et son maître.

*

Ainsi les seuls rapports humains viables sont ceux qui adviennent entre individus ayant réussi cette épreuve de l'objectivation. Autrement, tous les rapports s'en trouvent minés. Par une sourde insatisfaction. Et une incessante protestation. Une impuissante révolte. Cependant justifiée.

*

Inévitable «inégalité» dans le rapport à l'objectivité. Tel «privilégié» par rapport à tel autre. Le fondement du rapport de l'un à l'autre devant être dès lors de reconnaître cette différence de condition et de rendre possible au moins «privilégié» la réussite de cette épreuve. En ce sens, il n'y a pas d'autre «communisme» que celui qui procède de la reconnaissance d'une nécessaire inégalité dans le rapport à l'objectivité et dans le mouvement entrepris pour atténuer et faire disparaître cette inégalité.

*

Or un tel mouvement est impensable à l'échelle d'une société entière. Sauf s'il est forcé, contraint. Mais s'il est forcé, il nie le nécessaire mouvement de la conscience individuelle se posant face à l'objet. Le «communisme», comme mouvement de reconnaissance de soi à travers l'objet, et de l'autre, du sein de ce rapport à l'objet, est le mouvement d'une conscience qui se réapproprie elle-même. Comment un tel mouvement pourrait-il être forcé, contraint, organisé? Le plus que l'on puisse dire est qu'à certaines époques, ce mouvement est plus favorisé qu'à d'autres. Sans plus. Il n'y a ni «recette», ni «programme» qui vaille à cet égard.

*

Aliénation de l'«être générique» de l'homme, selon Marx: l'homme dépossédé de son expérience sensible et de sa conscience, du rapport de la conscience à ses sens, de la conscience de soi comme être sensible, du devenir-conscient de ses sens et du devenir-sensible de sa conscience. Déchiré entre une conscience abstraite dont il est exilé mais à laquelle on l'exhorte d'adhérer et une existence sensible réduite à la satisfaction des besoins les plus vitaux. Woyzzeck.

*

Si l'expérience de l'aliénation est celle de la séparation entre l'existence sensible et la conscience, la séparation de l'homme d'avec l'objet, d'avec l'autre, d'avec lui-même en procède.

*

Aliénation. Expérience de l'exil. Mais de l'exil imposé. D'où les rêves d'évasion. Et les justifications inventées de manière à expliquer l'impuissance à s'évader: l'idéologie, au sens de Marx. Rêve d'un prisonnier.

*

Un autre lieu. Où je serais enfin moi-même: réconcilié. Faute de pouvoir l'être ici, maintenant.

*

Dieu est un luxe. On ne doit l'imposer à personne. Chacun doit y venir par ses propres moyens, en suivant sa propre voie.

*

Dieu. Dépossession consentie à ce qui est. Qui n'est possible qu'à celui qui s'est assuré d'une prise sur les choses, les autres, lui-même.

*

L'expression réfléchie de sa sensibilité à travers l'objet décloisonne l'homme d'avec lui-même, d'avec l'objet, d'avec l'autre.

«La propriété privée nous a rendus si sots et si bornés qu'un objet n'est nôtre que lorsque nous l'avons...» (Marx, *Manuscrits...*).

*

«... de même l'abolition *positive* de la propriété privée, c'est-à-dire l'appropriation *sensible* pour les hommes et par les hommes de la vie et de l'être humains, des hommes objectifs, des œuvres humaines, ne doit pas être saisie seulement dans le sens de la *jouissance immédiate*, exclusive, dans le sens de la *possession*, de l'*avoir*» (Marx, *Manuscrits...*).

*

Ainsi, l'appropriation n'est «collective», au sens de Marx, que dans la mesure où elle va au-delà de l'appropriation privée, c'est-à-dire dans la mesure où elle dépasse le réflexe «possessif» par rapport à l'objet, qui porte à croire que l'appropriation s'achève dans la possession de la chose.

*

Ce qui justement est mis en cause par Marx dans la propriété privée, c'est ce mouvement mué en réflexe qui revient à réduire l'œuvre d'appropriation à la simple possession. Être, exister par le travail se réduit ainsi à posséder, à gagner, c'est-à-dire à ramener à soi l'objet pour mieux se refermer sur lui. L'appropriation de l'objet comme mouvement de réalisation de soi à travers la chose est réduite à la possession du gain auquel aboutit l'opération.

*

Ainsi, la propriété privée, c'est le mouvement d'appropriation dégénéré en simple possession. Or, pour Marx, dans le mouvement d'appropriation de la nature par l'homme, ce n'est jamais la simple subsistance de celui-ci qui est recherchée mais plus profondément l'appropriation par l'homme de sa propre nature, l'affirmation de sa propre réalité. C'est justement parce que l'homme ne dispose pas d'emblée d'une «réalité» qui lui serait impartie qu'il doit la faire exister. C'est l'œuvre du travail que de faire exister un monde d'objets qui sont pour l'homme la manifestation concrète, à l'extérieur de lui, d'une réalité qui, autrement, lui ferait défaut.

*

En ce sens, l'idée du communisme n'est pas tant celle de propriété «collective», — c'est-à-dire généralisation de la possession ou, justement, de la propriété privée — que celle du dépassement du réflexe possessif et de la réintégration par l'homme de la pleine signification de l'œuvre d'appropriation comme entreprise de constitution par l'homme de sa réalité.

*

«Appropriation collective des moyens de production»: dépassement du réflexe possessif qui revient à réduire à la fois la pleine signification de l'objet — ce par quoi l'homme se fait exister — et celle du sujet — en tant que ce qui, en l'homme, se pose face aux choses. Réintégration donc de la pleine signification de l'existence subjective de l'homme à travers son mouvement d'objectivation, c'est-à-dire d'appropriation des choses.

*

On comprendra dès lors qu'il n'est pas de vrai rapport d'un homme à un autre si le réflexe de fixation sur l'objet, c'est-à-dire de simple possessivité, n'a pas été surmonté.

*

La «possession physique directe» n'est que l'expression de la force pure, comme déjà l'écrivait Rousseau. «Ceci est à moi»: ainsi s'exprime celui qui, d'avoir surmonté l'obstacle, s'en fait une fierté et se replie sur le résultat. «Ceci est à moi» et son corollaire: «Fais-en autant si tu le peux.»

*

«À la place de tous les sens physiques et intellectuels est donc apparue la simple aliénation de *tous* ces sens, le sens de l'*avoir*» (Marx, *Manuscrits*...).

*

Mais ce dépassement du réflexe possessif ne peut être commandé ni «organisé». C'est un mouvement de la conscience qui, tout au plus, peut être stimulé. En outre, il est inévitable que, étant donné la réalité existante, soit l'inégalité quant à la possession des choses, la conscience «dépossédée» traverse un moment d'envie et de révolte à l'égard de l'autre qui «possède» et qu'ainsi elle soit empreinte de ressentiment. Il se peut cependant que seul ce ressentiment puisse rappeler à la conscience de l'autre que la possession de la chose n'est ni le but ni le sens du mouvement humain d'appropriation.

*

La force de Marx est de nous signifier que l'essence du mouvement humain d'appropriation de la nature ne saurait avoir pour but la propriété privée comme rapport de possession des choses, et qu'en ce sens celle-ci est un blocage qu'il s'agit de lever, un verrou à faire sauter. Mais il faut souligner que ce verrou tient à la conscience, plus précisément, au rapport spécifique entretenu par une conscience aux choses. Tout changement passe donc par la conscience. Or, d'un point de vue qui serait même spécifiquement marxien, la conscience ne se commande pas mais n'évolue que du sein de rapports spécifiques dans lesquels elle se trouve inscrite.

*

Sa force est donc aussi de nous signifier que la propriété privée n'est pas un fait indépassable, mais bien un fait «historique», en ce sens dépassable, c'est-à-dire un moment à l'intérieur d'un mouvement global; et qu'il n'est pas de rapports vraiment achevés entre les hommes ni aucune véritable communication si n'a pas été dépassé le réflexe de fixation sur l'objet.

*

Le rapport d'un homme fixé sur l'objet — qu'il soit dans la position du «possesseur» ou du «dépossédé» — à un autre est d'emblée faussé en son essence même: l'«objet», pour l'homme, à commencer par le langage, le monde d'objets que l'homme se crée, ne prend toute sa signification que dans la mesure où la conscience s'y est inscrite. Les hommes ne peuvent se reconnaître mutuellement comme hommes que dans leur entreprise de constitution d'une réalité qui soit à leur image. À cette entreprise, par ce qu'il fait, collabore chaque homme qui dès lors peut se reconnaître en tout homme qui en fait autant. Mais ce rapport de reconnaissance mutuelle est bloqué à partir du moment où tel homme décide de s'en tenir au *résultat* de son travail pour s'en proclamer l'auteur et, le ramenant à lui, l'achever en simple gain. À partir du moment donc où l'attention est détournée du travail lui-même, comme *mouvement* d'appropriation, pour être dirigée du côté du résultat, qui apparaît dès lors comme la seule fin poursuivie et non comme une réalisation ponctuelle du sein d'un mouvement global de réalisation par l'homme de ses possibilités.

*

La notion d'«appropriation collective» ou de «communisme» doit donc être comprise dans toute sa signification *historique*.

C'est la réintégration du sens de l'action isolée à l'intérieur d'un mouvement global qui lui confère sa pleine réalité. C'est l'attention tournée du côté du mouvement général plutôt que du côté de telle réalisation ponctuelle. C'est le sens retrouvé de toute l'entreprise humaine dans l'œuvre individuelle. En ce sens, l'histoire comporte une «logique» que l'expérience individuelle peut faire apparaître à chacun. Car qu'est-ce que «travailler avec quelqu'un d'autre», poursuivre une entreprise commune, sinon dépasser le réflexe individuel de poursuite d'un gain sur lequel chacun se replierait, dépasser la poursuite d'un «résultat» visé comme fin à partir duquel chacun chercherait à se valoriser par rapport aux autres? Mais ce dépassement, puisqu'il tient tout son sens d'une évolution de la conscience, est irréalisable à l'échelle d'une société entière. Le «communisme» ne peut donc être proposé comme mode d'organisation sociale. Ainsi que Marx l'indique lui-même, le «communisme» doit être compris comme orientation d'un mouvement d'ores et déjà à l'œuvre, «principe énergétique du futur prochain» et non «en tant que tel le but du développement humain». Il ne saurait donc «se concrétiser» définitivement en un type d'organisation sociale qui se proclamerait «communiste» et de la sorte en signifierait l'achèvement. Néanmoins, il indique bien une direction historique. Cette direction est simple et claire: la «propriété privée», l'«avoir», le repli de la conscience sur le «résultat» du travail, la poursuite du gain ne constituent en aucune façon des faits indépassables, encore moins des buts, mais sont des moments à l'intérieur d'un mouvement global qui correspond à l'entreprise humaine d'appropriaton de la nature.

*

Les conditions matérielles d'avènement de cet «au-delà» sont donc indéfiniment variables et d'ailleurs imprévisibles. Le «communisme» comme principe du futur est par excellence ce qui ne se planifie pas, mais qui, bien au contraire, déjoue toute planification et ne saurait se laisser réduire à une forme-modèle aisément représentable. Comme mouvement de dépassement du réflexe de repli sur l'objet, le «communisme» est justement ce mouvement qui ne saurait s'achever lui-même en objet, c'est-à-dire en une représentation simple ou un «modèle», quel qu'il soit.

*

Ce mouvement se reconnaît à la nécessité ressentie par un homme dans son rapport à un autre d'unir ses forces aux siennes pour se réaliser dans une activité donnée, appropriée aux dispositions respectives de l'un et de l'autre. Cela peut impliquer des conditions matérielles très variables et inégales d'un individu à l'autre. Mais la nécessité reconnue d'abord par chacun de se faire exister pour l'autre à travers l'objet, assurant sa subsistance sans toutefois faire du gain le but de l'entreprise, est l'avènement du «communisme».

*

L'appât du gain ne joue que pour une conscience qui n'a pas surmonté la contrainte du besoin. Le dépassement de celle-ci va de pair avec le dépassement de celui-là. Car la «contrainte du besoin» correspond à un sentiment qui, en tant que tel, n'est dépendant d'aucun degré minimum de satisfaction décrété de l'extérieur. S'il est sûr que certaines conditions sociales de bien-être matériel peuvent le favoriser, il est sans conteste incompatible avec un état de pénurie généralisée. Néanmoins, il s'agit bien d'un «sentiment», c'est-à-dire d'un «état» de relative liberté par rapport au besoin auquel peut accéder la conscience. «État» non prévisible, compatible avec plus d'un mode d'organisation sociale. Si, d'après Marx, le mode de production dit «capitaliste» peut être dépassé par le mode de production dit «socialiste» ou «communiste», c'est dans le sens où la poursuite du profit à des fins individuelles ou encore aux fins d'entreprises qui se sont substituées aux individus, ne saurait être considérée comme une «donnée» indépassable de la «nature humaine», mais plutôt comme un moment dépassable dans l'avènement d'une pleine reconnaissance du sens global de l'entreprise humaine.

«L'ouvrier met sa vie dans l'objet. Mais alors celle-ci ne lui appartient plus, elle appartient à l'objet. Donc plus cette activité est grande, plus l'ouvrier est sans objet» (Marx, *Manuscrits...*).

Le présupposé de Marx n'est-il pas que l'homme puisse «se» retrouver (retrouver sa profondeur, son intimité) dans l'objet-réapproprié?)

*

Or, «se» retrouver dans le travail ne peut signifier que ceci: du sein de son travail, perdre son rapport au travail, à l'objet de son travail, oublier les limites imposées par le travail.

*

Si Marx n'envisage pas de «perte de l'objet» qui soit positive, c'est que, pour lui, l'homme n'existe pas hors ce rapport à l'objet, et aux autres, par le moyen de l'objet. C'est ce que signifie sa «socialité», sa définition comme être social.

*

Or, ce que l'homme «perd» en «Dieu», c'est justement son rapport à l'objet, sa dépendance à l'égard de l'objet, sa «réalité», sa «socialité» et le rapport d'extériorité — médié par l'objet — qu'il entretient à l'autre.

*

L'homme, selon Marx, est celui dont l'être est action, activité, qui n'est rien hors l'action. Or le monde intérieur ne saurait découler de l'action, quelle qu'elle soit. Comme l'affirme

105

Bataille, la condition même d'existence d'un monde intérieur est la dissolution de l'objet et du rapport à l'objet. Dissolution, consumation, sacrifice. Perte, donc. Selon Marx, l'intériorité signifierait la «reconnaissance de l'homme à travers les objets», appropriation universelle de soi-même — de son essence — à travers un mouvement d'appropriation global — par le moyen de tous les sens — de tous les objets.

*

Qu'est-ce à dire? Qu'il y aurait un point de réappropriation de soi à travers l'objet qui impliquerait de lui-même l'accession à l'intériorité? Ou encore, qu'il n'existerait pas de tel point, mais seulement, selon toute vraisemblance, un degré — variable d'un individu à l'autre — en deçà duquel l'œuvre d'appropriation, requérant toutes les énergies, empêche l'accession à un autre monde, à une autre réalité, et au-delà duquel cette accession devient possible. Possible, mais non nécessaire, la condition en étant un mouvement en sens inverse — de désappropriation.

*

Alors que, pour Marx, il existerait une forme d'objectivation — appropriation «positive» au moyen de tous les sens — qui ne serait pas «dépossédante» ni «aliénante», on pourrait considérer toute forme d'objectivation nécessairement aliénante au sens où toute vie intérieure s'y perd. C'est par-delà l'objet qu'a lieu le retour à soi.

*

Si toute forme d'objectivation est nécessairement «aliénante», le travail l'est donc aussi nécessairement: c'est par-delà la «limite de croissance» dont parle Bataille, en deçà de laquelle les tâches liées à la survie l'emportent sur tout, qu'une «dépense» devient possible. Possible, sans être nécessaire, puisqu'elle tient à une attitude de la conscience qui ne saurait à aucun égard être commandée.

*

Ne faudrait-il pas distinguer la perte de l'objet que l'on tente de s'approprier mais qui nous échappe au profit de quelqu'un d'autre, nous asservissant encore plus à cet objet et, du même coup, à l'autre, de cette expérience de la perte qui surviendrait par-delà l'appropriation et signifierait une «libération» par rapport à tout objet? Mais jusqu'où va la nécessité — le besoin — d'appropriation? N'est-ce pas la question de la «limite de croissance» variable d'un individu à l'autre?

*

On peut dès lors comprendre que Marx n'ait jamais en réalité compris l'expérience artistique, puisqu'au fond il la résorbe dans celle du travail, conçu comme activité d'appropriation, alors que s'y joue l'expérience d'une essentielle dépossession — du retour à soi par la voie de la dépossession, du dépouillement.

*

En ce sens, la réalisation profonde — essentielle — de soi est impossible dans le travail, celui-ci pouvant tout au plus permettre à l'individu d'y exprimer sa «personnalité», entendue au sens de la subjectivité. Ainsi, le travail dans lequel l'ouvrier — et, par extension, l'homme — se réaliserait, selon Marx, ne serait-il pas celui où il pourrait satisfaire sa subjectivité en «se» retrouvant dans ce qu'il fait? Ce qui renverrait à une conception tout à fait artisanale du travail ou encore à la mise en place d'un «environnement plaisant», ainsi qu'on l'entend aujourd'hui, mais en aucune façon à cet éclatement des limites mêmes du travail que signifie l'activité créatrice.

«Tout, par force, par mystère inévitable, est naturellement beau dans la nature; beau, mais presque toujours neutre et, à l'extrême, invisible. De sorte qu'il est tentant d'améliorer, de perfectionner, de rendre explicite ce que trop de naturel dissimule. Il est exquis de proportionner les grandeurs, de combiner les couleurs, de choisir, ou de composer, de décider en maître» (Roger Caillois, *Esthétique généralisée*).

*

Quoiqu'animé par un dessein (comment, en effet, en serait-il autrement?), l'artiste n'est-il pas celui qui tente d'effacer dans son œuvre toute trace de dessein, pour s'égaler à la nature?

*

Or, qu'est-ce que la nature sinon, justement, ce qui se révèle *par accident?*

*

L'art est le sens profond du travail. L'homme œuvre à maîtriser les choses pour atteindre à la joie de s'en dépouiller, c'est-à-dire de les dissoudre.

*

Telle, justement, la joie de ce qui fut accompli. Le dessein achevé. Le dessein dissous.

*

Par l'accident, la nature se trouve révélée dans ce qu'elle est.

*

«Rendre explicite ce que trop de naturel dissimule.» ... Révéler ce que la nature, en ses apparences, cache de sa vraie nature.

*

Si le sentiment de la beauté correspond bien à l'intuition d'une nécessité, celle-ci est déroutante. Ses lois sont impénétrables. Et prennent d'abord la figure du chaos. Conglomérat d'accidents.

*

«Les formes qui naissent ainsi sont le fruit d'accidents infinis, disparates, qui s'ajoutent, se composent ou s'annulent de façon imprévisible... Aucune loi ne préside à leur formation, qui obéit à trop de lois à la fois, qui plus est, à des lois qui s'ignorent ou qui s'enchevêtrent au hasard» (Caillois, *Esthétique...*).

*

L'activité par laquelle l'homme se rend maître de ce qui est lui dissimule la vraie nature de l'Être, imprévisible, ingouvernable, déroutant.

*

L'idée de nature est encore trop restrictive. Celle de hasard trop facile. Disons plutôt: la révélation de l'Être advient par accident.

*

Si le sentiment du beau est bien, comme l'écrit Caillois, l'expression d'un comblement découlant d'une connivence aperçue, ce comblement est instantané, éphémère et ravissant.

*

L'art ravit. Le sentiment de la beauté est l'expression d'un état de ravissement.

*

Le ravissement n'est pas exactement la contemplation. Celle-ci suppose une attitude préméditée. Celui-là est le fruit du hasard, accidentel en ce sens.

*

Telle est l'essence du miracle: ce qui ravit. La beauté est toujours miraculeuse.

*

Certes, l'art n'est pas l'œuvre du hasard. L'œuvre d'art n'est pas hasardeuse. Cependant, elle est révélation du hasard. Révélation saisissante. D'un hasard ravissant.

*

Projet, dessein, certes l'est l'entreprise artistique. Mais projet qui se défait, dessein qui se découd. Comme ces nuages. Justement, pour s'égaler aux nuages.

*

Rien n'est plus beau que le passage des nuages. Formes infinies, infiniment variables. Toujours surprenantes. Échappant à toute prévision. Mais rigoureuses. Comme si de multiples lois guidaient leur évolution capricieuse. Mais des lois dont le charme est justement de nous échapper. Et de nous échapper à jamais. Dans la contemplation des nuages, l'homme est ravi par la rigueur de l'infini. Il échappe à lui-même.

*

C'est qu'il pressent une rigueur qui lui échappe.

*

Il pressent la rigueur de l'inaccessible. L'inaccessible rigueur.

*

Mais à celui-là seul capable de concevoir un dessein, un projet, s'offre l'expérience inimitable du ravissement.

*

Car il faut tenir et avoir tenu pour éprouver tout le charme de la détente. Or, l'art est détente.

*

L'artiste est celui qui tend vers la détente. Qui œuvre à son désœuvrement.

*

Il ne peut totalement échapper au travail, quoiqu'il travaille à y échapper.

*

Chacun peut devenir artiste qui se trouve ravi par une chose, un mouvement, une forme qui, jusque-là, n'existaient pas pour lui.

*

Mais l'artiste est celui qui révèle à chacun le pouvoir de ravissement qui gît dans la moindre des choses et peut se saisir de tout homme.

*

Devient artiste celui qui voit par les yeux d'un autre que sa vision est ravissante.

*

Et se tait celui qui, ainsi, se trouve ravi.

*

Se tapit dans le silence essentiel des choses.

*

Se recueille en sa révélation.

*

Et se love en son creux.

*

Ne pas s'étonner que cette écriture passe de la tension théorique à la détente poétique. Ce n'est pas l'effet du hasard. Ou plutôt si, justement, du hasard qui succède au travail.

*

J'adhère à ce qui est avec la ferveur de l'aveugle qui, soudain, voit. Ou plutôt: qui voit que son aveuglement est vraie vision.

*

J'aspire aux ténèbres pour être ravi par le bonheur de la lumière.

*

Il n'est point d'autre bonheur que celui de la lumière.

*

Le cierge allumé qui veille dans la nuit.

*

Solitude de la lumière

*

J'aime ce qui rachète, et rédime les fautes.

*

Je cherche un rédempteur.

*

Je crois en la lumière.

*

Je crois en la transsubstantiation.

*

Des ténèbres en lumière. De la chair en pure nuée.

*

À l'évanescence qui se dégage de toute lourdeur.

*

À l'allègement des fardeaux.

*

À la beauté de la nuit.

*

Aux psaumes.

*

À l'art du psalmiste.

*

Je crois aussi à l'œuvre humaine. Au projet. Au plan. Au dessein. À la construction. À la construction du monde. Et en sa dissolution. En sa dissolution finale.

*

Je crois au tumulte premier. Cet apparent chaos. Trésor de lois impénétrables. Et au tumulte dernier. Avènement de la lumière.

*

Je ne crois pas en la méchanceté des hommes. Je ne la comprends pas.

*

Je ne comprends pas l'homme indifférent à son salut.

*

Mais je ne comprends pas plus ceux qui veulent le lui apporter.

*

Je crois à la possible découverte par chacun des voies du salut.

*

L'humanité ne s'abîmera jamais dans les ténèbres. Je le crois.

*

Pourquoi a-t-il fallu que l'homme existe?

*

Et que l'homme souffre, et que l'homme ne comprenne pas?

*

Que l'homme bute, et bute sans relâche sur les choses, les mêmes choses?

*

Pourquoi ce massacre, ce gaspillage de consciences?

*

Pourquoi ce gaspillage de lumière?

*

Pourquoi tant d'hommes s'éteignent-ils sans avoir vu le jour?

*

Pourquoi tant de banalité?

*

Et jusque dans la mort...

*

Mais pourquoi donc a-t-il fallu que l'homme existe? Et la terre? Et ce qui est?

*

Mais tous les pourquoi s'abîment en un même ravissement.

*

«À l'obscur et en assurance»

(Saint Jean de la Croix).

*

Peut-être faut-il accepter que seuls certains voient pour que tous voient un jour.

*

Telle n'est-elle pas la souffrance de n'être pas entendu? Je t'offre mes yeux pour que tu voies, et tu ne veux pas voir.

*

Je parle pour toi, et tu ne le sais pas.

*

La vérité ne se dit pas, mais elle se laisse entendre.

*

L'invisible est sans nom.

*

Il est feu qui consume sans détruire.

*

Lumière qui éclaire sans aveugler.

*

Je crois à la vue des aveugles.

*

Et aux paroles muettes.

*

Je crois à l'œuvre muette. À l'ami qui ne dit mot.

*

Au bras qui me soutient. Aux yeux qui me guident. À la ferveur nue du matin.

*

À la délicatesse de l'aube. Aux charmes des longs entretiens. Au temps qui passe. À la vertu du temps.

*

Qui donc le saura jamais? Qui donc aura entendu ma muette prière?

*

Mais qui est-il? Qui est-Il?

*

Je crois à l'émotion pure.

*

Je crois en toi, qui es si proche.

*

Au jour qui pâlit. À l'aube qui ravit. Au soir qui descend.

*

Aux mains qui se tendent. Au charme. À la vertu. À la vertu du sourire.

- III -

Découvrir: dépouiller.

*

Je ne sais pas ce que je veux, vers quoi je tends, à quoi j'aspire. Mais j'arrive à connaître tout ce qui m'en éloigne et m'en «divertit».

*

Cet autre lieu, en réalité, n'a pas de nom. «... land»: un ailleurs indéfini.

*

Non tant ici ou là. Mais ailleurs. Qu'est-ce-à-dire? Nulle part? Non, quelque part, sans doute, mais qui ne se refermerait pas sur soi, et, de par ce qu'il serait, désignerait ce qu'il n'est pas. Qui n'existerait que pour désigner ce qu'il n'est pas. Ce creux qui aspire.

Voilà la terre à laquelle nous abordons.

*

Et d'où nous appareillons.

*

Surtout, le large.

*

Si trop près: l'écho familier.

*

Ou trop loin: les paroles se perdent.

*

Dès lors, n'ouvre pas au recueillement.

*

Ouvrir. Le large. Se recueillir. La prière.

*

L'on doit se recueillir pour la prière. Mais l'on ne peut se recueillir qu'au loin. Ailleurs. Échapper à l'ici et ses faux recueillements.

*

Ses trop familiers recueillements. Qui finalement n'en sont plus.

L'on tend au delà.

*

Mais comment nommer? Comment nommer ce vers quoi l'on tend?

*

Comment savoir? Savoir où aller?

*

Qui prier?

*

Pourquoi?

*

Ce qui bruisse.

*

Ce...

*

Ce qui creuse et se creuse, le vide qui se fait aspire à lui le «réel». Lentement... et lentement, le remanie.

*

... qui œuvre en silence. Ce qui œuvre en silence.

*

Ce, cela.

*

Cela, que tes paroles échouent à recueillir.

*

Mais qui, entre nous...

*

Ne cherche-t-on pas à se déplacer, faire le vide, s'échouer en plein silence, pour que le «monde» — comme effondré — réapparaisse?

*

Car tout, à la fin, par la force de l'habitude, se remplit.

*

Un vide plus intense encore. Plus «criant», déchirant. À quoi j'aspire. Pour que re-naisse le monde.

*

«Pour que»: mais est-ce là un «but»?

*

Car ce «but» n'est pas une «fin», ni un «gain», un «résultat» convoité. Plutôt un commencement, un re-commencement. D'où la ferveur plutôt que la satisfaction. L'«extase» plutôt que le repos.

«Il acquiert plus de plaisir et de récréation en se désappropriant des créatures: l'on ne peut jouir d'elles en les regardant avec un attachement de propriétaire»
(Saint Jean de la Croix).

*

«... de sorte que si tu refuses un plaisir, le Seigneur t'en donnera cent dès maintenant»
(Saint Jean de la Croix).

*

Trop présent. Trop adéquat. Trop «plaisant». Trop «là». Satiété, dégoût.

*

«Libéré de lui-même, il est prêt à prendre tout chemin, même le plus imprévu, même le plus impensable» (Alain Cugno, *Saint Jean de la Croix*).

*

La rencontre...

*

Donné, abandonné (jeté), offert... à la rencontre. Attentif. À l'appel.

*

La peur du vide rappelle aux «choses», ramène aux «choses». Empêche d'entendre. D'écouter. L'appel.

*

Et, peu à peu, le silence se fit.

*

... au bout de la peur de perdre l'autre. Aller au bout de la peur de perdre l'autre.

*

Et l'appeler dans la nuit.

*

Qu'est-ce qui en l'autre m'attend et m'appelle? Lui?

*

«... ce n'était pas tellement «lui», mais ce que «lui» rendait possible. Son abandon, son silence, cette passivité ouverte et attentive.»

*

Dès qu'«il» devient «lui», «il» s'aplatit, se réduit. Plus rien, à travers lui, ne se fait attendre, entendre.

*

Seule la «passivité» de l'autre est aimable, ce en quoi, par quoi il se laisse traverser. Ce qui, en lui, renvoie au-delà de lui.

*

Le «moi» de l'autre n'est jamais aimable. (Ni le sien propre, bien sûr.)

*

«On ne voit jamais ce que l'on est. L'on ne voit que ce qui est assez loin pour être vu» (Alain Cugno, *Saint Jean de la Croix*).

*

Ce qui est «devant» moi est «pour» moi. En ce sens, l'autre n'est jamais «devant» moi. Si, justement, il reste là, trop là, «devant» — intraversable —, il n'existe pas comme autre et, par conséquent, ne peut être désiré.

La vue nous aveugle: plutôt apprendre à écouter qu'à voir. À se taire qu'à parler.

*

«Il apprend donc en fait non pas qu'il n'est rien, mais qu'il y a du rien en lui...» (Alain Cugno, *Saint Jean de la Croix*).

*

Ennui de la satiété. Du confort. Du même.

*

Monotonie de ce qui s'offre comme plaisant.

*

Le vide n'est-il pas plus «attrayant» que le plein?

*

À partir du moment où se fait le vide, tout ne se met-il pas à bouger? Images, plans, projets.

*

Rien n'est beau de ce qui est «donné». Et non «découvert».

*

Nous ne parlons que de ce que nous savons. Quel intérêt?

*

Pourquoi une telle effervescence? Qu'est-ce qui m'attend? Qui m'appelle?

*

Comme si je sentais toujours une autre vie creuser celle-ci...

*

Sans que, pour autant, celle-ci s'en trouve dépréciée. Au contraire, c'est de ce creux que, dirait-on, elle prend toute valeur. Et que même, elle prend forme.

*

Les déserts «réels», répertoriés, ne sont que des mirages. Des images. Ils sont «pleins» en ce sens et n'offrent aucune «surprise».

*

Ainsi de la nuit et des rêves qui s'y forment: à l'image de ce qui, dans la vie «réelle», est le plus banal.

*

Comment dirais-je autrement que j'éprouve le sentiment d'être mû? Mais ce qui me meut m'échappe. Et n'en est pas moins fort cependant.

Plus tard, peut-être.

*

À peu près.

*

Les exemples dits «concrets» nous leurrent. En nous aveuglant.
— Ah! oui, c'est ça!

*

Ce qui est dit fait écran. Mais pourquoi faut-il faire écran pour se faire entendre?

*

On peut prendre plaisir à «jouer». Mais ce n'est pas si simple. La vie n'est pas un «jeu».

*

Nous ne sommes pas sur des scènes. Mais pourquoi les scènes existent-elles? Sinon pour nous faire comprendre que rien ne s'y passe.

*

Sur scène se déploie, «apparaît» justement tout ce qui ne s'y trouve pas et que l'on ne voit pas. En ce sens, tout s'y «joue».

*

«J'aimerais que tu ne sois jamais là. Mais je ne puis me passer de toi.»

*

Comment résister au «plaisir» de faire effet par l'écriture?

*

L'objet donné, certes, mais surtout, l'autre, absent, insaisissable, vers lequel je tends.

*

Et n'en puis rien dire. Mais l'évoque en images. D'autres lieux. En «projets» de voyage. Dont les destinations sont toujours vacillantes. Improbables.

*

Là-bas, au moins, me dis-je, je ne serai plus ici. Mais je le dis ici, d'où ce creux se fait sentir, d'où surgit cet appel.
Si j'«y» vais, tout ne se refermera-t-il pas?

*

Peut-être. À moins, tout à la fois d'y croire et de ne pas y croire. Étrange!

*

Envahi par ce qui vient. Qui n'est «objet» que par convenance, par facilité.

*

Je ne sais ce qui vient, et pourtant je m'en sens envahi. L'«ordre» habituel vacille. Comment savoir?

Pourquoi me touches-tu, toi qui, pourtant, es si présent? Il est vrai que jamais je ne «rêve» à toi. Jamais tu ne «figures» en mes rêves.

*

«Imaginer, c'est voir ce qui n'est pas là. Je ne peux imaginer ce qui est en face de moi» (Alain Cugno, *Saint Jean de la Croix*).

*

Le «métier» d'écrire. Quelle dérision!

*

Je ne peux «imaginer» ce que l'on m'a toujours représenté comme «beau», «attrayant», «séduisant».

*

La Méditerranée, par exemple. Et son pourtour.

*

Je ne «rêve» pas à toi. Mais je suis envahi. Cet envahissement ne cesse pas. Est-il vrai que j'aie voulu te «posséder»?

Ne pas en rester aux mots.

*

«Évitez les beaux mensonges. Essayez toujours de montrer le côté inconnu des choses» (Grotowski).

*

D'où vient l'idée de Dieu sinon du rapport à l'Ouvert? Le sentiment profond qu'il y a de l'Ouvert, qui aspire et nous tire.

*

C'est parce que nous craignons l'Ouvert que nous cherchons toujours à assigner à ce qui est (et devient) un commencement et une fin. Une cause. Une raison. Or, ce qui est est sans cause.

*

Sans cause ni raison. Mais ouvert. Et aspirant. Attirant.

*

C'est ainsi qu'il faut lire un livre. En le laissant de côté, mais ouvert. Sans s'y fixer. Sans chercher à lui «arracher» son sens. En laissant être son pouvoir de «suggestion».

*

Ceux qui évaluent une culture à partir du nombre d'œuvres produites font une erreur fondamentale puisqu'il leur importe d'abord que le vide soit comblé et non qu'il soit rendu manifeste. L'œuvre véritable rend le vide manifeste. En le signalant à l'attention, elle distrait ainsi d'elle-même. Indiquant par là que ce n'est pas elle qui, en tant que telle, est importante, mais «autre chose» à quoi elle renvoie, qui est insaisissable et signifie au fond sa propre abolition.

*

Peupler le vide d'œuvres de qualité douteuse, c'est justement entretenir un «beau mensonge». C'est une fausse représentation. Qui ne peut que confirmer le préjugé quant à l'inanité de la culture.

*

La vraie culture ou l'œuvre véritable est celle qui s'efface. C'est sa part d'ombre qu'elle laisse derrière elle et que l'on retient. D'où l'effet de nuisance de toutes ces œuvres produites par ceux que Gombrowicz appelait les «demi-intellectuels».

*

Les «vrais» intellectuels sont comme les «vrais» artistes: ils s'effacent. Leur effacement, qui est un certain mode de présence, creuse un vide dans la représentation culturelle. Et ce vide aspire, que l'on en soit conscient ou non, qu'on le veuille ou non.

*

Au fond, rien ne passe inaperçu. Rien de ce qui est vraiment dit, vraiment écrit, vraiment manifesté. Il y a ce qui occupe la vue et, de la sorte, bouche en comblant artificiellement. Et ce qui échappe à la vue mais insiste en aspirant. Finalement, le «trop visible» est engouffré dans cette bouche d'ombre.

*

Il ne faut pas à tout prix vouloir dire quelque chose. Le silence est souvent préférable. Et surtout plus réellement agissant.

*

Il n'y a de «scène» culturelle qu'en apparence. Toute vraie culture «fait le vide». La scène n'existe que pour signifier à ceux qui savent voir et surtout écouter que rien vraiment ne s'y passe, et que tout ce qui se joue (ce qui est «en jeu») est ailleurs.

*

Les œuvres de culture n'ont d'autre réalité que de souligner cet «ailleurs». Toute revendication identitaire est déplacée d'un point de vue culturel. On ne crée pas pour se donner une identité mais pour signifier cet ailleurs où l'on est en même temps que l'on est ici.

*

C'est en ce sens profond qu'il n'y a pas de «culture nationale». Car c'est l'ailleurs qui importe et non l'ici. «Mais, dira-t-on, il faut bien qu'il y ait un ici pour qu'il y ait un ailleurs.» Certes, mais l'œuvre désigne l'ailleurs et non l'ici. Et surtout, l'ici ne prend sens et n'existe vraiment qu'en rapport avec l'ailleurs. C'est d'ailleurs qu'il apparaît. Et c'est après-coup, à la suite d'un déplacement ayant toujours déjà eu lieu, qu'il peut être revendiqué.

«... vous comprenez que si je savais où je vais, et pour qu'y faire, je ne sortirais pas de ma peine. Je pars simplement pour partir: la surprise même est mon but — l'imprévu — comprenez-vous? — l'imprévu!» (André Gide, *Paludes*).

*

Maintenir l'indétermination du but, de la destination.

*

Mais alors, comment savoir où aller? Ne pas choisir (quel intérêt? L'on ne choisit que parmi ce qui est déjà là), mais laisser venir, et saisir l'occasion (l'événement).

*

«... l'(Ir) lande absente qui se figure en creux, tel un désert.»

*

«... lande oubliée d'Occident.»

*

Terre d'abandon. Et d'abordage.

*

«... que c'est cela qui fit rater notre voyage... Rien qu'on puisse laisser derrière soi, disant: «CELA EST». De sorte que nous revînmes pour voir si tout y était encore» (Gide, *Paludes*).

*

«... nous voyagions tant et tant, croyant savoir où nous allions.»

*

«... n'advenait guère. Les mirages succédaient aux mirages, les images aux images.»

*

Le désert se faisait rare.

*

«Il dit: «Tiens! tu travailles?» Je répondis: «J'écris Paludes» (Gide, *Paludes*).

*

— Et vous, que faites-vous?
— Moi? J'écris *Désert*.

*

— J'écris *Désert*, et je rêve de voyage.

*

— ...
— Mais je ne pars pas.

*

L'on ne part que lorsque l'on sait ce que l'on laisse derrière soi.

*

Or, je n'en sais rien.

*

Je ne suis sûr de rien. De rien de ce que j'«ai».

*

J'ai plutôt sans cesse besoin de me rappeler ce que j'«ai», de m'en convaincre, de me le prouver.

*

Mes rêves de voyage s'achèvent en gestes de réappropriation.

*

De lui-même, se fait le désert. Comment le trouverai-je ailleurs?

*

Le vide est ici. Bizarrement, c'est l'ailleurs qui semble plein.

... un territoire indécis. J'habite un territoire indécis. Sans mémoire. Sans histoire.

*

Comment dès lors le quitterais-je? Peut-on partir sans laisser quelque chose derrière soi? Ne part-on pas pour laisser quelque chose derrière soi? Et s'il n'y a rien à laisser?

*

— Chercherais-je donc ailleurs la mémoire que je n'ai pas?
— Ne sais. Si tel était le cas, il s'agirait d'une mémoire tellement ancienne, tellement enfouie que je ne puis m'en faire aucune image.

*

Une mémoire archaïque qui gît je ne sais où.

*

L'Amérique est un territoire sans consistance. Sans mémoire. Rien que d'effiloché. D'épars. Non-lieu.

*

À vouloir le raconter, le narrer, l'illustrer, le représenter, lui donner une réalité, on le trahit en le travestissant.

*

On le trahit même en en parlant.

*

En rompant son silence essentiel.

*

Se pourrait-il que j'«aie» quelque chose?

*

Qu'est-ce donc qui m'attache?

*

Là où je peux écrire ces pensées. Là où je peux les livrer. Là, je suis attaché.

*

... une mémoire tellement enfouie qui me reviendrait peu à peu.

*

Non pas cette fausse image de nos origines. Cette «histoire». Mais une mémoire plus profonde que toute «histoire».

*

En deçà de (et par-delà) l'«histoire», n'est-ce pas *ce* que l'on retrouve?

*

Ayant rompu avec l'«histoire», n'est-ce pas à cette mémoire archaïque que nous livrons passage?

*

L'Amérique n'est pas ce qu'on en dit, moins encore ce qu'on en fait, ce qu'on en a fait.

*

... ne se retrouve en aucun «roman», en aucune «histoire».

*

Genres empruntés.

*

... court plutôt au fil des fragments.

*

Fragments de gestes. D'écritures.

*

Tentative «américaine» de conquête: conjurer l'inconnu, assujettir ce qui fuit. Dompter les peuples migrants.

*

Leur imposer *une* langue.

*

Ce qu'il y avait d'insupportable pour la conscience européenne: le vide, le désert, le migrant.

*

En Amérique se fait le vide. En Europe, il se pense.

*

En même temps que s'amorcent les grands courants migratoires (XVIe siècle), advient l'expérience du vide, du dépouillement, de la nuit obscure de saint Jean de la Croix. Comment l'un peut-il être pensé sans l'autre?

Ce que le «péché» désigne: un *défaut* (de générosité, de courage, de foi, d'espérance).

*

«... donner et jouer» (Bataille, *La part maudite*).

*

Métamorphose des «objets»...

*

... sous l'effet du désir.

*

Le désir est «ouverture», ou plutôt relation à l'Ouvert, tension vers l'Ouvert.

*

... en même temps, refus de tout ce qui enferme et se ferme.

*

L'«objet» n'est jamais que prétexte au Désir.

*

... qui ne s'intéresse aux «objets» que pour les traverser: d'où l'effort qui lui est propre de les ouvrir, et ce «détour» qu'il emprunte lorsqu'il n'y parvient pas.

«Le «marchand» aztèque ne vendait pas mais pratiquait l'échange par don: il recevait des richesses en don du «chef des hommes» (du souverain, que les Espagnols appelèrent le Roi); il faisait présent de ces richesses aux seigneurs des pays où il se rendait» (Bataille, *La part maudite*).

*

«Un objet d'échange dans ces pratiques n'était pas une chose, il n'était pas réduit à l'inertie, à l'absence de vie du monde profane. Le don qu'on en faisait était un signe de gloire et l'objet lui-même avait le rayonnement de la gloire. On manifestait, en donnant, sa richesse et sa chance (sa puissance)» (Bataille, *La part maudite*).

*

Refus de ce qu'une «chose» ne soit qu'une chose: le pouvoir symbolique est réactivé par la «perte».

*

L'objet donné est d'abord un objet (une chose) perdu.

*

On ne peut désirer ce «qui est là», «devant» soi: il faut «se» déplacer, déplacer la «chose», la perdre en ce sens, qu'elle soit trouée d'absence.

*

La «chose» doit s'absenter à elle-même, n'être plus «elle-même»: ceci et «autre chose».

*

«Quelque chose» et «autre chose» (Quelque chose qui signifie autre chose).

*

Là, ici, et ailleurs.

*

Pas de «déplacement» sans angoisse. Mais la foi est plus forte. Et l'espoir.

*

Ainsi, on ne peut «croire» qu'à ce qui n'est pas là, mais, tout à la fois, nous manque, et nous appelle.

*

C'est en *l'appel* que l'on croit, et qui permet de traverser l'angoisse.

*

À quel point *ce qui appelle* est anonyme et irreprésentable…

*

Mais incontournable, par son insistance, à condition que l'on sache écouter.

*

Ce que seul rend possible le vide d'objets d'où surgit le désir.

On ne donne que ce que l'on n'a pas.

*

La possession est l'envers du don.

*

L'on ne donne que ce que l'on n'a pas encore (le possible).

*

Et non ce que l'on a déjà eu (dont on se dessaisirait).

*

«Se dépouiller» n'est pas tellement se dessaisir de ce que l'on a que se rendre ouvert à ce que l'on n'a pas encore (qui, cependant, peut impliquer que l'on se dessaisisse de ce que l'on a). Mais le mouvement n'est pas d'abord négatif (c'est-à-dire «volontaire»): à l'occasion de ce qui advient (telle «occasion», tel «événement»), l'appel de ce qui se fait entendre entraîne le délaissement, l'abandon de ce que l'on a. (Ainsi de Jésus d'un même mouvement appelant ses disciples à le suivre et à abandonner leurs biens, leur famille.)

*

(... suivre toujours plus la «méthode», mais en l'explicitant, qui consiste à *suggérer des relations* plutôt qu'à les établir nommément. À chacun dès lors de les «établir» à sa façon — les possibilités de relations étant multiples.)

*

C'est pourquoi le «hasard», la «chance» seuls rendent possible le don authentique. «À ce possible à moi révélé, à l'occasion de telle rencontre (d'un être, d'une chose, d'un lieu), je me suis abandonné, livré.»

*

«Mon silence fut ma seule réponse...»

*

«... mon seul don.»

L'appel; la question. Le don; la réponse.

*

... ou ce sourire. Peut-être cette parole, qui m'a échappé. Ce geste.

*

Cette invitation.

*

Les «objets» donnés n'ont de sens que s'ils se laissent traverser.

*

Un objet donné est un objet partagé. C'est-à-dire traversé.

*

Et non dévoré (assimilé).

*

Le «marchand» dont parle Bataille n'a jamais rien *à lui*: il reçoit pour donner. «Entremetteur»? Plutôt: lieu de passage, de «communication».

*

Tel est le «marchand»: voué à la communication.

*

Arthur Rimbaud, trafiquant en Afrique.

*

Le plus «ouvert» seul peut donner. Il ne donne pas ce qu'il a, mais ce qu'il a reçu, ce qu'il reçoit, ce qui lui est venu, lui vient (à la faveur d'une rencontre, d'une occasion).

*

C'est en ce seul sens qu'il y a don, qu'en conséquence peut se produire une ouverture de l'autre, et qu'une communication peut advenir.

*

Celui qui donne, en ce sens, comme le «marchand» aztèque, est un lieu de passage entre ce qu'il a reçu et ce dont il fait présent.

*

Mais celui qui donne dès lors a dû *se déplacer*, doit pouvoir *se déplacer* (s'offrir à la chance, se disposer à la rencontre «pour» recevoir).

*

Le «marchand» est un «trafiquant»: un être en déplacement.

*

D'où l'importance du désert (les caravanes, les rencontres).

*

En ce sens, le «créateur» est toujours un «marchand».

*

Mais le «souverain» s'est absenté. Et les donataires sont invisibles — «introuvables».

*

Car ils sont perdus dans la foule.

Vivre «en état de péché», n'est-ce pas vivre en état d'ouverture?

*

Ils s'évertuent à cacher leur faiblesse. Ils s'avancent masqués.

*

Leurs paroles sont empesées et fausses. Les mots ont perdu leur sens premier.

*

Que pourraient-ils donc, dès lors, avoir à donner?

*

Le désir est stimulation mutuelle au don.

*

L'on ne désire que ce que l'on dé-couvre.

*

Le vrai don n'est jamais volontaire.

*

Le désir: tension vers...
Ce n'est que lorsque l'«objet» est rencontré, par hasard (mais surgi du creux d'une longue attente) que se met en jeu l'économie du don.

*

Le désir ouvre sur le don, non sur la satisfaction.

*

Le don n'est jamais «achevé»: il n'est que «signifié» («symbolisé») par la chose.

*

Ce corps m'«attire»: c'est l'effusion pressentie.

*

«Tu ne peux *prendre* ce que je te donne.»
«Mais tu peux le recevoir.»

*

La perte se manifeste par le creux produit, le vide qui se fait et qui, dirait-on, aspire à lui toute *chose*.

*

Recevoir n'est pas «prendre», c'est-à-dire «garder pour soi», c'est plutôt *s'apprêter à rendre*.

*

L'on est endetté tant que l'on n'a pas rendu plus que l'on a reçu. Mais il se peut que, recevant sans cesse, l'on n'en finisse plus de rendre.

*

Pourquoi ne veulent-ils pas écouter? De peur de recevoir et d'avoir à rendre.

*

En écoutant, ils craignent de se perdre, de tout perdre. N'avoir plus rien à eux. Qu'est-ce à dire? Qu'ils ne sont rien hors de ce qu'ils ont?

*

Ce que j'ai à dire, ce n'est pas ce que je me suis préparé à dire. C'est ce qui me vient, toute préparation oubliée, à telle occasion, à la faveur de telle rencontre.

*

Et si rien ne me vient? C'est que nul ne consent à m'écouter. C'est une occasion ratée. Une mauvaise rencontre.

*

On ne prépare pas ce que l'on a à dire. L'on saisit l'occasion, simplement, avec tout ce que l'on est.

*

Les véritables connaissances ne sont pas «apprises», elles sont incorporées. Ce sont les seules qui puissent vraiment être «transmises».

*

Les autres ne sont pas «transmises»: elles sont imposées. C'est pourquoi elles sont oubliées aussitôt.

*

Ne se «retient» que ce qui s'est de soi-même «imposé», mais que nul n'a imposé (qui s'est donc «imposé» malgré, en dépit de quelqu'un).

*

L'effacement du «sujet» (son ouverture à ce qui lui vient) est la condition même de toute «transmission» (de tout don).

*

C'est en ce sens que le «sujet» ne donne jamais ce qu'il «a», mais ce qu'il a reçu et continue de recevoir, ce qui lui vient.

*

Et il ne le donne qu'à la condition que, l'ayant reçu ou le recevant, il ne le prenne ni ne le garde «pour lui», mais le transmette.

*

En ce sens, la «vie» est «communication» généralisée. Mais le mouvement de la «vie» est entravé et stoppé à chaque fois qu'un «sujet» s'entête ou s'acharne à rester replié sur ce qu'il a, comme si la vie, le mouvement pouvaient lui appartenir.

*

L'«objet» que l'on n'a pas est toujours plus important que celui que l'on a.

*

— Où vais-je?
— Ne sais.
— Qui me guide?
— Personne. Mais je suis le chemin.

*

— Mon Dieu, m'attendez-vous? M'entendez-vous?

«... l'identité de la puissance et du pouvoir de perdre est fondamentale» (Bataille, *La part maudite*).

*

Qui risque de tout perdre seul peut gagner.

*

Il y a un paradoxe à l'emporter sur l'autre par la perte consentie: c'est dire que celui «qui a le dernier mot» est finalement celui qui sait se taire le plus longtemps.

*

Par son silence, il voue finalement à l'impuissance la parole de l'autre.

*

Mais je parle du silence qui vient au terme de la parole: du silence comme «consumation» de la parole.

*

De celui qui «se brûle» mais en ressort vivant. Qui «se brûle» en toute conscience, non pas «volontairement», mais bien plutôt parce qu'il ne peut faire autrement.

*

«C'est certes le pouvoir de s'approprier une place ou des biens, mais c'est aussi le fait de l'homme qui s'est mis lui-même en jeu tout entier» (Bataille, *La part maudite*).

Celui-là n'a rien à ajouter. Non qu'il ait «tout dit», mais il a dit ce qu'il y avait à dire.

*

Nul besoin d'en remettre. Les effets sont perdus (pour lui): c'est la condition de leur réalité.

*

L'on ne «fait effet» qu'à proportion de ce que l'on consent à perdre.

*

Les vrais effets sont perdus: ils ne me reviennent pas. Sauf indirectement. Et à très long terme. Alors que je ne suis déjà plus «là».

«Le combat est glorieux en ce qu'il est toujours au-delà du calcul à quelque moment» (Bataille, *La part maudite*).

*

Celui qui «brûle» les mots, les idées, les objets (qui les dissout): le consumateur.

*

Qui en consume le sens habituel, la valeur familière.

*

Qui dissout les attitudes convenues. Et fait le vide. Quel «rang» dès lors acquiert-il? Le dernier, sans doute. C'est-à-dire invisiblement, en creux, le premier.

*

Le détruire aux yeux de l'autre. Devant lui, pour lui.

*

Cet objet dont le caractère d'inutilité souligne qu'il n'existe que pour être offert, perdu, dissous, détruit.

*

Qu'il n'existe que pour souligner à quel point ce n'est pas de lui qu'il s'agit, mais du geste, du mouvement à travers lui qui cherche à atteindre l'autre.

*

«Par là, je te signifie que je ne suis pas asservi aux objets. Et qu'il n'y aura de relation entre nous qu'à proportion de ton propre dessaisissement.»

*

L'être humain est celui qui ne communique avec l'autre que par la dissolution de l'objet, signifiant par là la gratuité, mais en même temps la pérennité du lien qu'il cherche à créer.

*

Le «pouvoir» de celui qui donne ainsi à l'autre n'est jamais que le «pouvoir» de perdre. «Pouvoir» de s'ouvrir, de risquer. «Pouvoir» de mépriser tout gain.

*

D'où le sens de cette phrase: «… l'idéal serait qu'un potlach ne pût être rendu» (Bataille, *La part maudite*).

*

Ou encore: «Le bénéfice ne répond nullement au désir du gain» (Bataille, *La part maudite*).

J'ai beau faire, ajouter les mots aux mots, les livres aux livres, rien ne s'accumule, ne s'engrange. Tout fuit, tout est comme perdu. Je ne puis rien récupérer.

*

Ou si peu. Qu'est-ce donc qui me tient et me pousse à poursuivre, si ce n'est le contact établi, la communication, la traversée de l'autre qui, à la fois, me libère et me rassure?

*

Mais cette assurance n'a qu'un temps. Rien n'est plus provisoire. Elle doit sans cesse être gagnée à nouveau. Regardant en arrière, je ne vois rien. Rien de sûr. Rien d'accumulé. Mais chaque communication établie me détermine à poursuivre. À recommencer.

*

Ces livres-aveux qu'ils tiennent sous silence...

*

Mes pairs m'ont rejeté. Mais ne m'ont pas désespéré. Ils m'ont simplement voué à l'inachevé. Et au recommencement. Au don, et à la communication renouvelée. Ne devrais-je pas leur en rendre grâces?

*

Je n'ai d'autre pouvoir que celui de perdre. De risquer. De donner. D'avouer.

*

Ils ne sauraient me soustraire mes aveux.

*

Qui les gênent et les piègent.

*

Ils ne sauraient parvenir à m'arrêter tant que je trouverai des oreilles prêtes à m'écouter.

*

Or, ma seule puissance justement, est d'en trouver.

*

Mais celles que je trouve ne disposent d'aucun pouvoir. Qu'importe? Peut-être leur donnerai-je une voix et se feront-ils entendre.

*

Ils sont lâches et veules, le dirai-je jamais assez. Ils sont faux et arrogants. Ils n'ont rien à donner, rien à dire et se parent des prestiges de la parole.

*

Pour mieux la couper à ceux qui balbutient et qui cherchent.

*

Mais qui sont authentiques. C'est-à-dire démunis.

*

Mais ces prestiges empruntés les perdront. Et les balbutiements se feront entendre.

*

La modification de l'autre, sa transformation par le don est la seule «preuve» possible de la réalité de ce don.

*

Mais alors, c'est la douleur de l'ouverture qui est partagée. Et signifiée en mots, gestes, objets.

*

En sourires. Ou en simple écoute.

*

On n'échappe à l'épuisement de la communication que par une communication plus profonde encore.

*

La *reconnaissance* est sans doute la seule gratification, la seule «acquisition». Mais elle doit toujours être à nouveau gagnée.

*

L'espace du don, dès lors, peut exister, à la fois réel et irréel. Dissolvant les réalités toutes faites et se réalisant de façon «symbolique».

«Je ne prends que pour être pris. En ce sens, mon désir est toujours déçu.»

*

«Si tu te laisses toucher, tu seras consumé.»

*

«... et ne pourras plus vivre qu'en perdant toujours plus.»

*

«Tu ne te retrouveras plus, et tu les perdras tous.»

*

«Tu ne pourras plus vivre qu'en touchant à ton tour.»

Toucher en plein cœur. Et que l'autre s'écoule.

*

Est-il d'autre sens au meurtre?

*

Et au sacrifice?

*

Tout sacrifice suppose un meurtre. Un meurtrier. Une victime.

*

Mais on ne décide pas de tuer.

*

Tout vrai meurtre est sans motif.

*

Les motifs restreignent la portée de l'acte. En inhibent l'expression.

*

— Tu t'es brûlé, dit-on.
— Et pourquoi pas?

*

«Ton corps en porte les traces.»

*

Tuer, c'est toucher, ouvrir, offrir.

*

Tel est le prêtre. Celui qui ouvre. Et qui offre.

*

«Voici mon corps.» «Voici mon sang.»

*

Tel est le prêtre. Celui qui officie.

*

Telle est la cérémonie: «Reçois mes aveux.»

*

«... que je ne peux plus retenir.»

Ce que nous présupposons. À quoi nous nous livrons. Sans rien garder.

*

Et que nous appelons: Dieu. Mais qui est sans nom.

*

Mais n'est-ce pas en l'appelant ainsi que nous en ruinons le pouvoir? Comment le vide qui aspire pourrait-il être nommé?

*

L'officiant, le prêtre. Celui pour qui les choses n'ont de valeur que consumées, ouvertes, offertes, détruites. Le consumateur.

*

Celui par qui les choses n'ont de valeur que...

*

Celui qui sacrifie, et de la sorte sanctifie.

*

Ceci est sacré. D'avoir été touché, ouvert, offert. De ne plus servir.

*

— Et lui, à quoi sert-il donc?
— ...

*

«… Et quand je ne serai plus rien, plus rien…, tu me prendras par la main. Et me conduiras.»

*

«Mais que veut dire «me conduire»? Tu me toucheras, m'ouvriras, m'offriras. Et je te suivrai.»

Celui par qui la révélation m'advient.

*

Le monde m'apparaît. Et les choses. Et les mots. D'avoir ainsi été touchés. Et comme réveillés. Ranimés. Ressuscités.

*

Touchée, l'enveloppe se consume. Autre chose, la chose apparaît.

*

Tel est le sens de la guerre: consumer des victimes. Ne pas supporter qu'«ils» restent ainsi *devant* moi, fermés. Hostiles. Qu'ils ne veuillent écouter. Entendre. Les toucher donc. Ce qui veut dire: m'ouvrir à eux. Brûler mes armes devant eux. Les vaincre en m'avouant vaincu.

*

«... en ordre dispersé, dès lors, leurs débris jonchaient la plaine.»

*

«... de vieux mots abandonnés. De vieux outils oubliés. De vieux arguments rongés par l'ennui.»

*

— Ils sont à court. Ils sont à bout.

*

— Et vous? me disent-ils.
— Et moi...?

Telle est l'intimité: la communion.

*

L'un transmet l'appel. L'autre l'entend.

*

Aucun des deux n'est rien, n'a rien hors cet appel.

*

Appel du rien qui demande à être. À être découvert. Et entendu.

*

Celui qui voit. L'autre qui ne voit pas encore.

*

Celui qui voit fait voir l'autre en le touchant. L'ouvrant. L'offrant. Le livrant.

*

Non à «lui». Mais à l'autre, à l'appel. Au rien, d'où surgissent les choses, les mots.

*

D'où surgit la parole: λογος

*

Ζῷον λογον ἔχον. Le vivant ayant la parole.

*

«Je te donne la parole.» «Je te découvre l'accès à la parole. Par elle, l'accès aux choses.» Celui qui porte les choses à la parole. Et qui, par la parole, fait surgir les choses.

*

Tel est le sacrifice. L'essence du sacrifice. Percer l'enveloppe qui recouvre les choses et me recouvre. Dévoiler le rien. D'où surgit la parole: λογος. Qui fait apparaître les choses.

*

Sacrifier. Percer à jour. Dévoiler le rien. Avouer le vide.

*

Telle est la souffrance. D'où les pleurs, les cris, les gémissements. Et les effusions...